AF557959

Petri Heil

Markus Bötefür

Petri Heil

Die Kulturgeschichte des Angelns

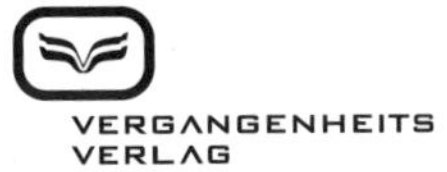

VERGANGENHEITS
VERLAG

Impressum

Bibliografische Informationen der Deutschen Nationalbibliothek
Die Deutsche Nationalbibliothek verzeichnet diese Publikation in der Deutschen Nationalbibliografie; detaillierte bibliografische Daten sind im Internet über
http://dnb.d-nb.de abrufbar.

ISBN: 978-3-86408-254-2

E-Book-Herstellung: Open Publishing GmbH

Inhalt

Einleitung

„Es ist ein feiner Unterschied, ob man angelt oder wie ein Idiot am Ufer steht."[1]

Steven Wright, zeitgenössischer US-amerikanischer Schauspieler.

Am Angeln scheiden sich die Geister. Für die einen ist die Jagd nach dem Schuppenwild die langweiligste Sache der Welt, für die anderen die ultimativste Herausforderung, der sich ein naturverbundener und sportbegeisterter Mensch stellen kann. Als Autor der vorliegenden kleinen Kulturgeschichte gehe ich davon aus, dass Angelskeptiker oder gar Kritiker dieser herrlichen Passion nicht auf die Idee kommen werden, die folgenden Seiten umzublättern, und wende mich daher ohne Umschweife direkt an Sie, liebe Petrijünger, die Sie den Wert der Fischwaid kennen, die Vorzüge der Angelei zu schätzen wissen und sich über die Geschichte dieser wunderbaren Art des Naturerlebnisses informieren wollen.

Im Laufe seiner jahrtausendealten Geschichte war Angeln stets mehr als nur ein Hobby oder eine geruhsame Beschäftigung mit dem Ziel, Fische für die Bratpfanne oder den Kochtopf zu erbeuten, sondern immer auch eine Form der inneren Einkehr, des Einswerdens mit der Natur und mitunter auch eine Philosophie, denn schließlich ist der Fang mit Rute, Schnur und Haken die am wenigsten effektive Art und Weise des Fischens überhaupt, weswegen – diese Bemerkung sei bereits in der Einleitung gestattet – das chinesische Sprichwort, wonach man den Hunger eines Mannes damit stillen kann, dass man ihm statt eines einzelnen Fisches eine Angel schenkt, nur derjenige für weise erachtet, der noch nie darauf angewiesen war, seinen Magen mit selbst gefangenen Fischen zu füllen.

„*Angler erkennt man daran, dass sie nichts fangen*", lautet ein alter Kalauer, der nur allzu oft bestätigt wird, denn letztendlich spielt das Fischefangen beim Angeln keineswegs die Hauptrolle, sondern ist vielmehr das Ziel, für dessen Erreichen man einigen Aufwand treiben muss. Dieser Aufwand ist mitunter schöner als das eigentliche Angelerlebnis selbst, schließlich führt es den einen Angler stundenlang in die Küche, um dort über Teigrezepten zum Fang von Karpfen, Schleien oder Weißfischen zu brüten, hält den anderen viele Abende lang am Bindestock gefangen, wo ihm keine Fliege zur Überlistung von Äschen, Forellen oder Lachsen gelungen genug erscheint, oder nötigt dem dritten alles handwerkliche Geschick beim Schnitzen des einen unwiderstehlichen Wobblers ab.

Dass wir mit unserer Leidenschaft zu Beginn des 21. Jahrhunderts kein Neuland betreten, lehrt uns ein Blick in eines der berühmtesten Angelbücher überhaupt, nämlich ins Werk Izaak Waltons, der den Wert der Fischwaid in der zweiten Hälfte des 17. Jahrhunderts wie folgt zusammenfasste: „*Flüsse und die Bewohner des nassen Elements wurden zur Erbauung weiser Männer geschaffen, nicht aber für Narren.*"[2]

Im vorliegenden Buch möchte ich Sie zu einer spannenden und wechselvollen Zeitreise einladen, die in der Steinzeit beginnt und über die Hochkulturen der

Antike, das Mittelalter und die Neuzeit bis in unsere Tage führt, in denen bizarre Auswüchse wie das urbane Streetfishing ebenso zum Angeln zählen wie das bis in graue Vorzeiten zurückreichende Würmchenbaden.

Vom Stöckchen zum Zielfischhaken – Die Geschichte des Angelhakens

„Angeln scheint die beliebteste Art des Faulenzens zu sein.“[3]

Edgar Watson Howe, US-amerikanischer Autor und Journalist (1853–1938).

Vergleicht man die vielfältigen Formen frühgeschichtlicher Angelhaken mit dem Angebot in den heutigen Geräteläden, so fällt auf, dass es auf den ersten Blick kaum Unterschiede zu erkennen gibt. Selbst Zwillingshaken und die sonderbarsten Formen moderner Einzelhaken, ob sie nun *Limerick*, *Jamison*, *Round Bent* oder wie auch immer heißen, sind in der langen Geschichte des Fischfangs schon da gewesen und stellen keineswegs Erfindungen unserer Tage dar.

Archäologen gehen davon aus, dass Menschen seit rund 40.000 Jahren Angelhaken herstellen. Wobei jedoch die ersten echten Haken erst vor rund 26.000 Jahren aus Knochen geschnitzt wurden, denn würden die Vorläufer dessen, was wir als Angelhaken bezeichnen, nicht heute noch von einigen Naturvölkern Südamerikas und Neuguineas verwendet, so könnte man ihre versteinerten Überreste wohl nicht als Fischereigeräte identifizieren. Bevor nämlich der Haken krumm wurde, waren seine Vorgänger noch kerzengerade und bestanden aus einem an beiden Enden angespitzten Stückchen Holz, das mittig an eine Schnur geknotet wurde und sich beim Anhieb im Fischmaul verkeilte. Zwar sind diese Stöckchen eher als Maulsperren denn als Angelhaken zu bezeichnen, trotz-

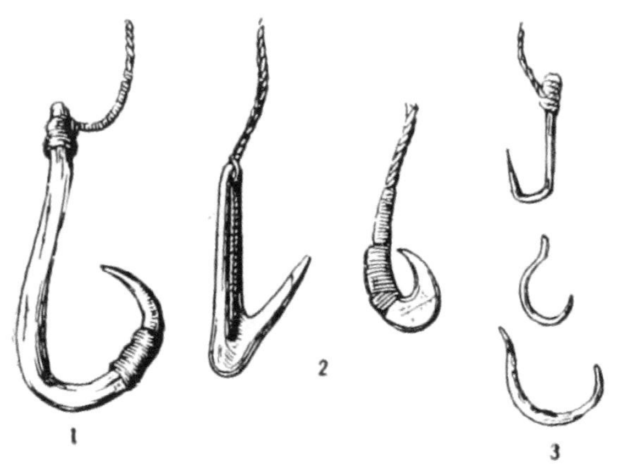

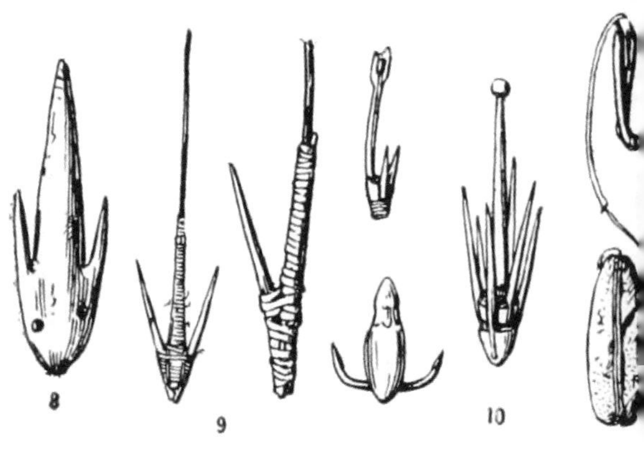

HISTORY

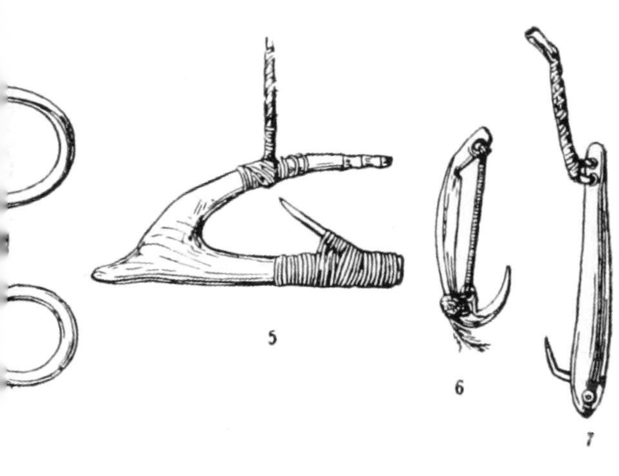

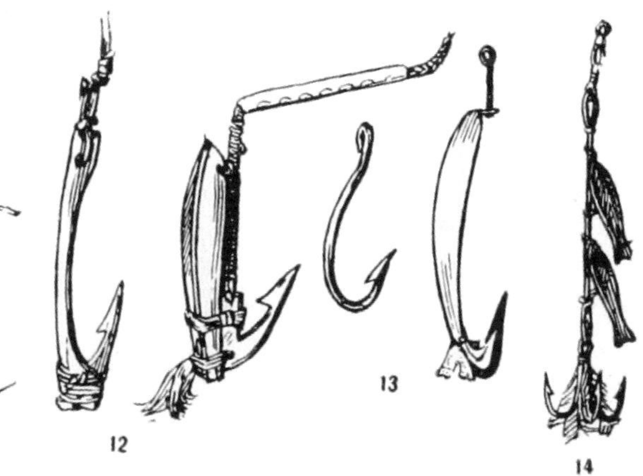

H HOOKS.

Verschiedene Hakenformen aus aller Welt.
(Reproduktion einer gemeinfreien Abbildung.)

dem erfüllen sie denselben Zweck; und erst der Umstand, dass die Stöckchen heute noch in Gebrauch sind, erlaubt es Archäologen, Rückschlüsse auf den Beginn der Angelfischerei vor rund 1600 Generationen zu ziehen.

Die ersten wirklich modernen Hakenformen stammen nicht etwa aus der Epoche der frühen Hochkulturen an Euphrat und Tigris; und es waren auch nicht die alten Ägypter, denen man die Erfindung des Angelhakens zuschreiben kann, denn schon lange vor dem Bau der ersten Pyramiden fischten die Neandertaler in Mitteleuropa mit aus Knochen geschnitzten und widerhakenlosen Angelhaken, die sie an dünnen Tiersehnen befestigten. Was für moderne Angler nach primitivstem und jeden Fisch verstörendstem Angelgerät ausschaut, wird erst vor dem Hintergrund des enormen Fischreichtums in der Ur- und Frühgeschichte deutlich, denn noch vor gut 30.000 Jahren waren die Gewässer Mitteleuropas so fisch- und die Wälder so wildreich, dass unsere Vorfahren, die damals weder Ackerbau noch Viehzucht kannten, wöchentlich nur etwa 25 Arbeitsstunden für den Erwerb ihrer Nahrung aufwenden mussten.

Mit der Entwicklung des Urangelhakens in der Frühgeschichte blieb die Form des Angelhaken im Wesentlichen gleich, und auch aus der Bronze- und Eisenzeit fördern archäologische Grabungen – sieht man einmal vom verwendeten Werkstoff ab – keine sensationellen Neuerungen der Hakenformen zutage.

Obgleich sich das Angeln in der Antike und im Mittelalter auch an den Fürstenhöfen als Freizeitbeschäftigung durchsetzte, blieben die Angelhaken im Vergleich zur Steinzeit doch dieselben. Zwar verstand man es im

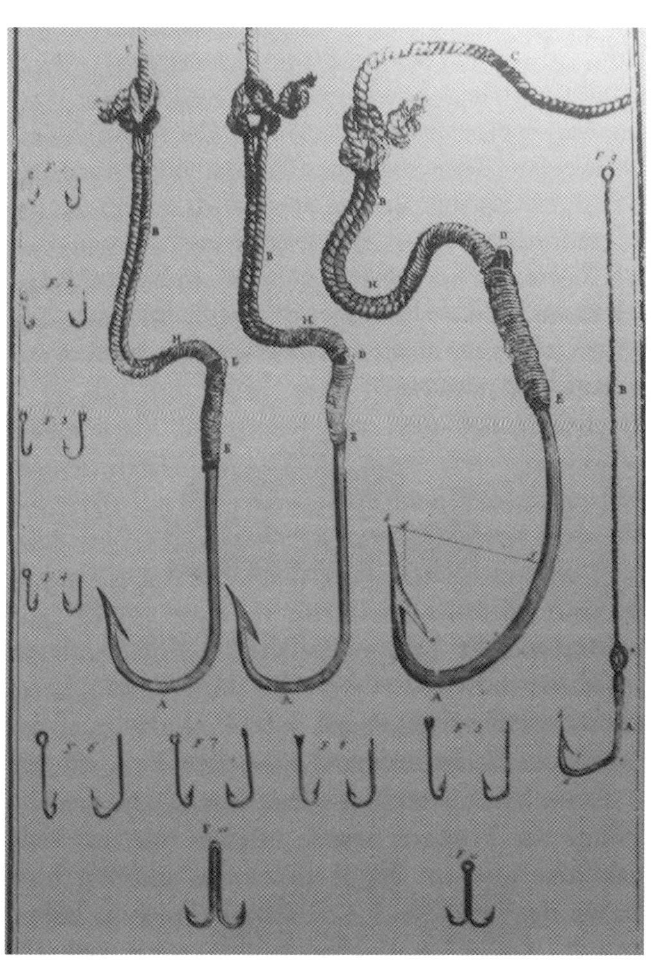

Angelhaken auf einer Abbildung aus dem 19. Jahrhundert. (Reproduktion einer gemeinfreien Abbildung.)

hohen Mittelalter, sie mit Federn zu verkleiden und so frühe Kunstfliegen zu entwickeln, doch ist mit dieser Innovation der Beitrag des gesamten Mittelalters an der Entwicklung des Angelhakens auch schon umschrieben. Da es aber bis zum Beginn der Industrialisierung und der damit einhergehenden Gewässerverschmutzung und Überfischung der Gewässer noch immer satt und genug Fische in den Seen, Flüssen und Meeren gab, war auch niemand gezwungen, das Angelgerät und somit auch den Angelhaken zu verbessern.

Dass es gerade in England, dem Mutterland der industriellen Revolution mit all ihren Nachteilen für die Umwelt, auch zu den ersten Verfeinerungen von Angelhaken kam, darf daher niemanden verwundern. Und so verdanken wir es den englischen Anglern, denen seit jeher auch ein hohes Maß an Innovationstalent und Skurrilität nachgesagt wird, dass im 19. Jahrhundert europaweit Einigkeit über die exzellente Qualität englischer Haken bestand, was wohl auch damit zu tun hatte, dass sie im Viktorianischen Kolonialreich genug exotische Anschauungsbeispiele unter die Lupe nehmen konnten. Diese Modelle baute man dann in der Heimat nach und verwendete sie zum Fang von Hechten, Forellen, Karpfen und Weißfischen.

Der Umstand, dass sich an der Form der Angelhaken von der Steinzeit bis in unsere Tage nicht viel geändert hat, macht den Angelhaken nicht nur zu einer im wahrsten Sinne des Wortes runden Sache, sondern kann uns durchaus auch zur Mahnung gereichen, mit der Beurteilung der Intelligenz und des logischen Denkvermögens früher Menschen nicht zu voreilig zu sein.

Angeln und Fischfang in der Stein- und Bronzezeit

„Ich jage, und ich angle – und ich entschuldige mich bei niemandem für mein Tun.“[4]

Norman Schwarzkopf, US-amerikanischer General (1934–2012).

Erst vor etwa 5500 Jahren begannen die Menschen in Europa mit bäuerlichem Ackerbau und Viehzucht. Zwar erreichten sie so eine gewisse Teilemanzipation von der Jagd und vom Fischfang, doch spielten diese beiden Formen des Nahrungserwerbs weiter eine wichtige Rolle im täglichen Überlebenskampf, denn erstens waren die Ackerflächen der Stein- und Bronzezeit zu klein, um genügend Ertrag zu erwirtschaften, und zweitens schwebte das Damoklesschwert einer Missernte stets über den Köpfen frühgeschichtlicher Siedler.

Es ist davon auszugehen, dass die mit dem Ackerbau verbundene Sesshaftwerdung nicht freiwillig geschah, sondern mit dem Aussterben jagdbaren Großwildes (Mammuts, Riesenhirsche, Wollnashorn) am Ende der letzten Eiszeit in Zusammenhang steht. Mit dem Verschwinden dieser gigantischen „Fleischreserven“ war man gezwungen, nach anderen Nahrungsquellen Ausschau zu halten. Die längeren Sommer boten nun nicht nur Ackerbauern neue Möglichkeiten, sondern auch Fischern.

Die bei archäologischen Grabungen in Deutschland zutage geförderten stein- und bronzezeitlichen Angelhaken zeigen, dass man es bereits vor mehr als 9000 Jahren mit kapitalen Fischen aufnehmen konnte. Einige der aus

Knochen und Hirschgeweihen geschnitzten Haken haben eine Größe von acht bis fünfzehn Zentimetern und wurden wahrscheinlich zum Fang von Welsen, Hechten und Stören eingesetzt. Die kleinsten bislang gefundenen Exemplare waren nur rund zwei Zentimeter klein. Die ältesten Haken aus Kupfer wurden in Deutschland vor etwa 3500 bis 2700 Jahren hergestellt und in der Nähe von Regensburg gefunden. Optisch unterscheiden diese Knochen- und Kupferhaken sich nicht von modernen Stahlhaken. Es wurden sowohl Öhr- als auch Plattenhaken gefertigt, was die Frage aufwirft, an welche Schnur sie von den Fischern gebunden wurden. Einige archäologische Funde lassen den Schluss zu, dass die frühesten Angelschnüre aus Pflanzenfasern gewonnen wurden. Am beliebtesten schien dabei eine aus der Rinde von Linden gewonnene Bastschnur (Lindenbast) gewesen zu sein.

Für moderne Sportfischer scheint es nahezu unvorstellbar, dass man mit diesem robusten Gerät überhaupt einen Fisch zum Anbiss verleiten konnte, und wahrscheinlich war die Angelfischerei in der Stein- und Bronzezeit nur eine gelegtlich ausgeübte Form des Fischfangs. Archäologen und Frühgeschichtler gehen davon aus, dass Angeln in der prähistorischen Zeit wohl eher ein *Hobby* war oder vielleicht auch kultischen Zwecken diente, denn dass die Angelfischerei für die Menschen der Bronzezeit von erheblicher Bedeutung war, belegen einige als Grabbeilagen gefundene Angelhaken, von denen der im Gräberfeld Vomp (Tirol) wohl der bemerkenswerteste ist, denn dieser Angelhaken stellt neben einem kostbaren Schwert die einzige Grabbeilage eines Fürstengrabes aus der Zeit um 1200 v. Chr. dar.[5]

In der Hauptsache fischten die frühgeschichtlichen Menschen wohl mit Netzen und Reusen. Bei der Herstellung dieser Fischereigeräte wurden Weiden und Bastgeflechte benutzt. Wie bei der Herstellung von Angelschnüren wurden Bastmaterialien zum Flechten von Netzen verwendet. Aus Weidenzweigen fertigte man Reusen und Stellfallen.

Der älteste aus Deutschland stammende und als Fischernetz gedeutete Fragmentfund stammt aus Friesack in Brandenburg. Seine Datierung wird für etwa 7000 v.Chr. angenommen. Das etwa 40 Zentimeter lange Stück besteht aus anderthalb bis zwei Zentimeter breiten Maschen, die knotenlos hergestellt wurden. Man geht davon aus, dass dieses Netz nicht als Stell-, sondern als Zug- bzw. Schleppnetz gebraucht wurde. Gezogen wurden solche Netze im flachen Wasser von mehreren watenden Fischern bzw. im tieferen Wasser mittels zweier Einbäume.

Stellnetze stelle man aus relativ reißfestem Flachs her, der sich zu dünnem Garn spinnen ließ. Diese Netze wurden mit Treibschwimmern versehen und fungierten als aufgestellte Fischfallen. Durch die Wahl der Maschengröße konnten so bestimmte Fischarten gezielt gefangen werden.

Neben der Fischerei mit Netzen und Reusen war die Speerjagd eine der wichtigsten Formen der Fischjagd. Speere sind die wohl ältesten Jagdwaffen der Menschheit und wurden zum Fischfang in verschiedenen Formen eingesetzt. Meist verwendete man einfache Speere, an deren Enden geschliffene Tierknochen gebunden wurden. Mit Fischstechern konnte man Fische vor allem während der Laichzeit im flachen Wasser von Seen und Flüssen aufspießen, oder man benutzte sie in der kalten Jahreszeit, um die winterträgen Fische im Schlamm des Gewässergrundes zu bejagen.

Zur gezielten Speerjagd auf Aale benutzte man gabelförmige Speere, sog. Lyster. Ein Lyster bestand aus zwei Gabelzinken, in deren Mitte sich ein spitzer Dorn (in der Steinzeit aus Knochen, in der Bronzezeit aus Metall) befand. Zur Herstellung der Gabelzinken wurde ein gebogenes oder leicht s-förmiges Stück Hartholz in der Mitte gespalten, wobei zwei gleichförmige Hälften entstanden. Diese Gabel wurde so an das Speerende gebunden, dass sie leicht federn konnte. Der eingeklemmte Aal wurde am mittigen Dorn aufgespießt. Lyster waren sehr effektive Speerwaffen und wurden – besonders in Osteuropa – noch bis zur Mitte des 19. Jahrhunderts verwendet. Die ältesten dieser Spieße aus Deutschland sind für die Zeit der Ertebölle-Ellerbek-Kultur (etwa 5000 bis 4300 v. Chr.) nachgewiesen.

Krokodile, Flusspferde und Frevelfische – Angeln und Fischkult im Alten Ägypten

„Es ist immer Zeit für einen letzten Wurf.“
Anglerweisheit eines Unbekannten.

Wer heute in Sportfischerzeitschriften blättert, dem fällt der inflationäre Gebrauch des Wortes Abenteuer auf. Viel zu häufig werden Beiträge über Angelmethoden wie etwa das Karpfenfischen mit Überschriften à la *Abenteuer Boilieangeln* versehen. Selbst Angeltechniken, bei denen es wahren Giganten wie Schwertfischen und Blauflossenthunen an die Schuppen geht, verdienen das Attribut abenteuerlich nicht mehr, wenn man sich vor Augen führt, welchen Gefahren Fischer und Angler im antiken Ägypten ausgesetzt waren, denn die auf dem Nil fischenden Männer hatten es nicht nur mit wehrhaften Großfischen, Krokodilen und damals noch häufig vorkommenden Flusspferden zu tun, sondern ihnen drohte auch Ungemach, wenn sie kultisch verwerfliche Frevelfische oder durch religiös-kultische Bestimmungen geschützte Arten fingen.

Über das Leben und die Fangmethoden der altägyptischen Fischer sind wir heute aufgrund von archäologischen Funden, Wandmalereien in Grabkammern sowie hieroglyphischen Texten sehr gut informiert, daneben geben die Texte früher griechischer Geografen und Historiker (besonders Herodot und Plutarch) Auskunft über die Bewohner des Niltals und ihre ganz besondere Beziehung zu Fischen und ihrem Fang.

Archäologische Funde zeigen, dass bereits in vordynastischer Zeit (vor 3000 v. Chr.) alle noch heute gängi-

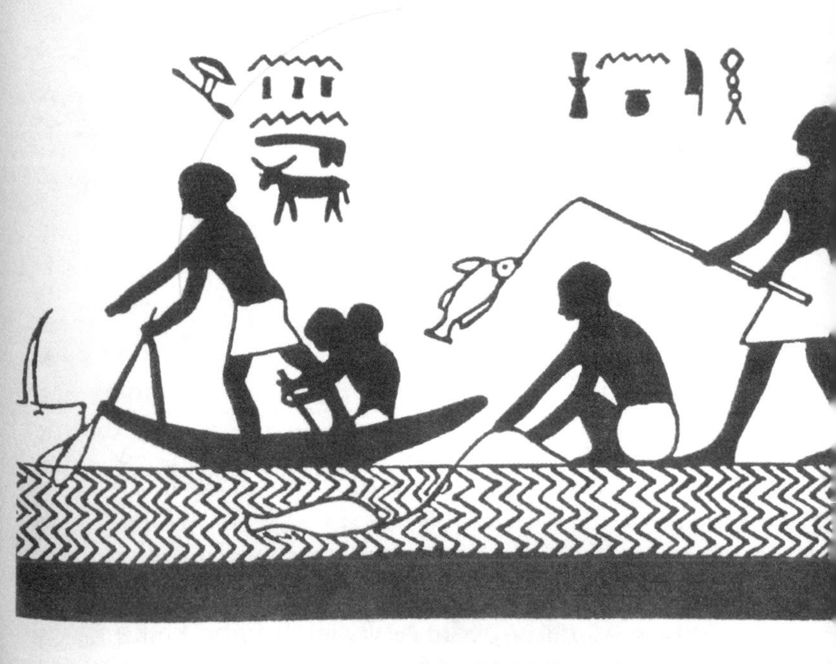

Angler auf einem Wandbild aus dem zweiten vorchristlichen Jahrtausend.
(Reproduktion einer gemeinfreien Abbildung.)

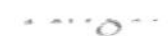

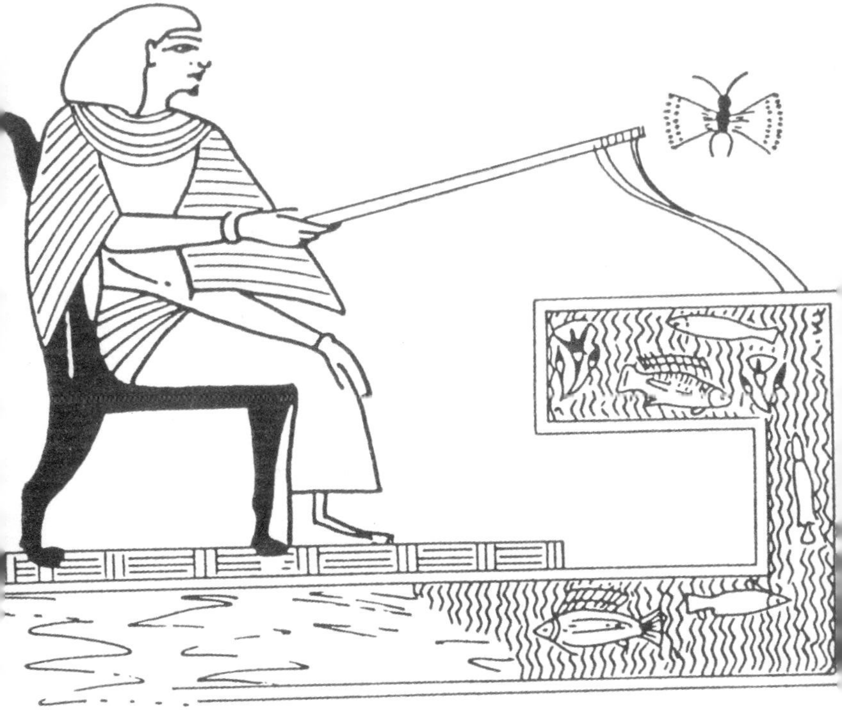

Angler mit mehreren Schnüren an einer Angelrute. Abbildung aus einem Grab der 19. Dynastie (ca. 1250 v. Chr.).
(Reproduktion einer gemeinfreien Abbildung.)

gen Fischfanggeräte den alten Ägyptern bekannt waren und auch von ihnen benutzt wurden. Neben Netzen, Reusen und Fangkörben waren dies vor allem Pfeile, Speere und aus Knochen, Horn, Muschelschalen oder Elfenbein geschnitzte Angelhaken in unterschiedlichen Größen, die jedoch noch nicht mit Widerhaken versehen waren. Erst in den ersten Dynastien des Alten Reichs (etwa um 2700 v. Chr.) hatten Haken aus Kupfer und Bronze alle anderen Hakentypen verdrängt. Bis etwa 1900 v. Chr. blieben die Angelhaken ohne Widerhaken, hatten nun jedoch aufgrund ihrer Herstellung aus Metall die Form moderner Haken. Ab etwa 600 v. Chr. wurden Haken dann fast nur noch aus Eisen gefertigt und ähnelten mit ihren Widerhaken unseren modernen Platten- und Öhrhaken.

Womit die Haken beködert wurden, lässt sich aus den historischen Quellen nicht mit Bestimmtheit entnehmen, man darf aber davon ausgehen, dass für die frühe Angelfischerei die üblichen Naturköder wie Getreidekörner, Würmer, Insekten, Amphibien und Köderfische verwendet wurden.

Gefischt und geangelt wurde von einfachen Booten, die man aus den Halmen der Papyruspflanze baute und die mittels langer Stakstangen bewegt wurden. Diese leichten Wasserfahrzeuge waren rasch gebaut und einfach zu handhaben, allerdings verfügten sie über keine lange Lebensdauer und waren alles andere als sicher.[6] Da Holz in Ägypten stets Mangelware war und nur zum Bau von größeren Handelsschiffen und Barken für den Pharao verwendet wurde, darf man davon ausgehen, dass Fischer- und Anglerboote während des gesamten ägyptischen Reiches aus Papyrus hergestellt wurden.

Wie in anderen antiken Hochkulturen war das Angeln nicht allein eine Beschäftigung zum Zwecke des Nahrungserwerbs, sondern wurde auch als Freizeitbeschäftigung betrieben. Auf den Wandmalereien in Gräbern aus allen Dynastien sind von Booten aus angelnde Personen abgebildet, deren sozialer Stand es ausschloss, dass ihre anglerische Beschäftigung einem anderen Zwecke als der Entspannung und Erholung diente.

Dass die Angelfischerei, neben der Speerjagd auf Vögel, zu einem beliebten Hobby der männlichen Oberschicht zählte, erstaunt moderne Betrachter von antiken Wandgemälden insofern, als dass der Alltag an Bord der leichten und wackligen Papyrusboote alles andere als beschaulich war, denn die Angler schwebten beständig in der Gefahr, von, heute im Nildelta ausgestorbenen, Flusspferden angegriffen und getötet zu werden. Auch ein Sturz ins Wasser konnte lebensgefährlich sein, denn Krokodile lauerten in den trüben Fluten fast überall. Wie man angesichts solcher Gefahren die Darstellungen auf Grabmalereien zu interpretieren hat, die mit Speeren ausgerüstete Taucher beim Harpunieren von Nilfischen zeigen, ist heute nur schwer zu beantworten. Ob es sich um Mutproben handelte oder um eine Glorifizierung des Bestatteten ist ungewiss. Fest steht aber, dass neben dem Fischfang mit Haken und Speeren wohl auch das Tauchen und Harpunieren zu den antiken Jagd- bzw. Sportarten entlang des Nils zählte.

Auch wenn das Angeln und der Fischfang bei einigen Ägyptern als reines Hobby betrieben wurde, so war man in der Antike aber weit davon entfernt, seiner Beute die Freiheit zurückzugeben. Aus altägyptischen Schriftquellen geht hervor, dass Fische nicht nur auf den Tischen des gemeinen Volkes eine geschätzte Mahlzeit waren, sondern auch in den Palästen der Pharaonen und in den Tempeln der Priester verzehrt wurden. Dies galt allerdings nicht für alle Fische, denn einige Arten galten aus religiösen und kultischen Gründen als heilig und durften nicht getötet oder gar verzehrt werden. Zu diesen heiligen Fischen zählte der Buntbarsch, der mit dem Sonnengott Re und dessen Tochter Hathor, der Göttin der Liebe, in Verbindung stand und als heiliger Fisch der Liebe und Erotik verehrt wurde. Andere Fische galten als unrein und standen im Ruf, selbst Göttern gefährlich werden zu können. Der griechische Historiker Plutarch (um 45 bis ca. 120 n. Chr.) berichtet, dass die Ägypter große Abscheu vor den im Nildelta zahlreich vorkommenden Meeräschen, Nilhechten und Nilbarben hatten, denn diese galten als Frevelfische, weil sie sich laut altägyptischer Mythologie gemeinsam an der Leiche des Totengottes Osiris vergangen haben sollen. Den Fischen wurde von den Priestern vorgeworfen, gemeinschaftlich den Phallus des Gottes verspeist zu haben.[7]

Bereits in der Epoche der vierten Dynastie (2600 bis 2475 v. Chr.) wurde die Fischgöttin Hatmehit verehrt, die den Beinamen *Erste der Fische* trug und auf Abbildungen mit einem Glaswels als Kopfbedeckung gezeigt wird. Ob dies den Glaswels jedoch davor bewahrte, in den Essschüsseln zu landen, ist eine Frage, die bislang ungeklärt ist. Auch die zahlreichen Funde mumifizierter Fische in altägyptischen Gräbern sind noch nicht hinreichend erforscht, denn die Mumien dienten gewiss nicht, wie zahlreiche in den Gräbern gefundene Lebensmittel, als Wegzehrung für den Verstorbenen auf seiner langen Reise ins Totenreich. Als gesichert gilt jedoch, dass der Nilhecht wohl eine fast göttliche Verehrung erfuhr, denn seine Mumien wurden zahlreich in den Gräbern höchster Würdenträger gefunden und zeugen davon, dass sowohl Fische als auch der Fischfang einen für uns heute kaum mehr nachvollziehbaren Stellenwert bei den alten Ägyptern besaßen.

Angeln und Fischen in der griechisch-römischen Antike

„Lass deine Angel nur hängen. Wo du es am wenigsten glaubst, sitzt im Strudel der Fisch."[8]

Ovid, römischer Dichter (43 v. Chr. bis 17. n. Chr.).

Dass der Fischfang und damit auch das Angeln bei den Griechen und Römern eine wichtige Rolle bei der Nahrungsmittelversorgung weiter Teile der Bevölkerung spielten, verdeutlicht bereits ein Blick auf die Landkarte. Sowohl die griechische Inselwelt als auch der vom Meer umspülte italienische Stiefel zeigen, dass das in der Antike noch fischreiche Mittelmeer ein schier unerschöpfliches Eiweißreservoir für die stetig steigende Bevölkerung der Städte und Stadtstaaten darstellte.[9] Trotz der Bedeutung von Fisch waren Fischer bei den Griechen und Römern jedoch nicht hoch angesehen und wurden auf den wenigen heute noch erhaltenen Abbildungen entsprechend ärmlich dargestellt.[10] Wie beschwerlich das Los der Fischer war, spiegelt sich im Auftritt des Chores der Fischer in einer der Komödien des römischen Dichters Plautus (254–184 v.Chr.); dort heißt es:

„*Uns seht ihr schon* von *ungefähr* am *Aufzug* an, wie *reich wir* sind. Die *Angeln* an den *Rohren geben uns Unterhalt* und *Unterhaltung. Tag* für *Tag* zur *Stadt hinaus* zum *Meere geht's*, das *Brot uns* aus der *Flut* zu *ziehen.*"[11] Zur Antwort auf ihr beklemmendes Bekenntnis erhalten sie von einem der Helden folgende Antwort:

„*Gruß euch beisammen, ihr Meeresdiebe* und *Muschelfresser, hungerreiche Menschenzunft.* Was *macht*, wie *lebt ihr, nein vielmehr*, wie *sterbet ihr*?“[12]

Allgemein kann man bei der Betrachtung von Fischmotiven, sei es auf Vasen, Mosaiken oder Grabsteinen, den Eindruck gewinnen, dass den Meeresbewohnern zwar vielfältige Funktionen zufielen, die über religiöse und kultische Belange bis in die Kochtöpfe und Gewürzamphoren aller gesellschaftlicher Schichten reichten, doch scheint das Angeln bei Griechen und Römern nicht zu den beliebten Betätigungen gezählt zu haben. Eine Ursache für das überschaubare Interesse am Angelsport dürfte in dem Umstand zu suchen sein, dass die antike Küche jodsalzhaltige Meeresfische den weniger schmackhaften Süßwasserfischen vorzog.[13] Da mit dem damaligen einfachen Angelgerät (Rute, Schnur, Haken) ein ergiebiges Angeln im Meer kaum möglich war, konnte sich keine lohnende Sportangelei entwickeln. Dies bedeutet allerdings nicht, dass das Angeln in der griechisch-römischen Literatur keinen Platz gefunden hätte.

Das umfangreichste antike Lehrwerk über Fische und die Fischerei mit dem Titel *Vom Fischfang* wurde vom griechischen Gelehrten Oppian (Lebensdaten unbekannt) im zweiten nachchristlichen Jahrhundert verfasst.[14] Obgleich er sich bei allem, was er über Fische zu berichten wusste, auf zahlreiche antike Vorgänger stützen konnte – allen voran auf die ichthyologischen Studien des Aristoteles (384 v. Chr. bis 322 v. Chr.) – ist Oppians Werk doch als bedeutend und wegweisend einzustufen, da er neben dem, was er über die einzelnen Fischarten gehört und gesehen hatte, auch viel Anglerlatein darin verarbeitet hat, was seine Darstellung zum ersten eigenständigen Buch über Fische und Fischfang in der Antike machte. Oppian scheint sich persönlich mit dem Fischfang gut ausgekannt oder zumindest sehr gute Beziehungen zu Fischern unterhalten zu haben, denn an vielen Stellen ging er in eine für die Antike erstaunliche Detailtiefe, wie in folgendem Beispiel, in dem er sich über den Fischfang im Laufe der Jahreszeiten äußerte:

„Im Herbst ist der Abend die beste Zeit zum Fischfang, nämlich dann, wenn der Morgenstern erscheint. Im Winter sollten die Fischer mit der aufgehenden Sonne hinausfahren. Im blühenden Frühling ist der ganze Tag hindurch für alle Formen des Fischfangs und alle Fischarten die beste Zeit, denn dann kommen die Fische in die Nähe der Küsten, um zu laichen und sich ihren Gelüsten hinzugeben. Beachtet stets den Wind. Er sollte sanft und leise wehen und das Wasser des Meeres nur leicht kräuseln, denn die Fische fürchten die starken und heftigen Winde, die über das Meer fahren. Weht der Wind jedoch sanft und das Wetter ist warm, so findet ihr guten Fischfang. Alle Fische schwimmen mit dem Wind und den Wellen, denn so kommen sie leichter und schneller voran, deshalb sollte auch der Fischer immer dem Wind folgen.“[15]

An anderen Stellen strotzt seine Schrift nur so von Anglerlatein und Schauermärchen, was jedoch dem Geschmack seiner zeitgenössischen Leserschaft geschuldet war, schließlich wollte das antike Publikum nicht nur informiert, sondern auch unterhalten werden. Zu diesen Unterhaltungen zählten, nicht anders als heute, mitunter auch wohlig-schreckliche Berichte über Lebewesen, die sich in den Tiefen der Meere verbargen, von wo aus sie die Menschen bedrohten. Dass es sich bei solch bedrohlich-widerlichen Kreaturen auch um aus heutiger Sicht eher harmlose Lebewesen wie die Rote Meeräsche handelte, mag moderne Leser verblüffen:

„*Kein Fisch, und das erkläre ich deutlich, erfreut sich mehr an schäbigeren Ködern als die Rote Meeräsche, denn sie ernährt sich von allem, was sie im Sand finden kann und liebt dabei besonders Nahrung von üblem Geruch. Sie schätzt besonders die fauligen Körper von Menschen, die Opfer des grausamen Meeres wurden. Fischer fangen sie daher am besten mit übel riechenden und den Atem verschlagenden Ködern.*“[16]

Aber nicht allein solche Passagen machen das Buch *Vom Fischfang* für moderne Leser und vor allem für kulturhistorisch interessierte Angler bedeutsam. Es sind auch die Abschnitte über den sportlichen Wert der einzelnen Fischarten. So schrieb Oppian über die Meerbrasse, eine Fischart, der heute nur noch kulinarische, nicht aber sportliche Wertschätzung beigemessen wird:

„*Hängt die Meerbrasse am Angelhaken, so springt sie hoch, presst ihren Kopf beständig gegen die Angelschnur, so lange, bis der Haken sich lockert und sie entkommen kann.*“[17]

Den antiken Fischern ging es freilich weniger um den Sport als um die Effektivität von Angelmethoden. Unabhängig von der Intension war man jedoch sehr erfindungsreich und kannte bereits Kunstköder, die stets dann eingesetzt wurden, wenn die natürliche Nahrung der Fische nicht auf den Haken zu stecken war. Im Werk des römischen Schriftstellers Aelian (ca. 170 bis ca. 222) findet man die erste Beschreibung von Kunstfliegen, die in der Antike zwar nicht zu sportfischereilichen Zwecken entwickelt wurden, aber den Erfindungsreichtum der Berufsfischer in Mazedonien spiegeln. Obgleich Aelian nur vom Hörensagen über die Fliegen informiert war, lohnt es sich, seine Schilderungen in voller Länge zu zitieren:

„*Ich habe von einer macedonischen Fischjagd gehört, und diese Jagd* ist *folgende: Zwischen Beröa* und *Thessalonica strömt ein Fluss, namens Asträus, in welchem bunte Fische leben. Wie die Einwohner diese nennen,* wird *man* am *besten* von den *Macedoniern erfahren. Diese Fische nähren sich von einheimischen*, auf dem *Flusse fliegenden Fliegen, die den Fliegen anderer Gegenden in nichts gleichkommen, auch den Wespen nicht ähnlich sind. Auch kann man nicht sagen, dass die Gestalt dieses Tieres mit den sogenannten hemerischen zu vergleichen sei und auch mit den Bienen nicht. Doch haben sie von jedem der genannten Tiere etwas Eigenes. Der Kühnheit und Größe nach, mit der sie fliegen, könnte man sie Anthedonen nennen, ihre Farbe ähnelt der von Wespen. Ihr Summen ist wie das der Bienen. In der ganzen umliegenden Gegend heißen sie Hippuris. Sie suchen auf dem Fluss die ihnen*

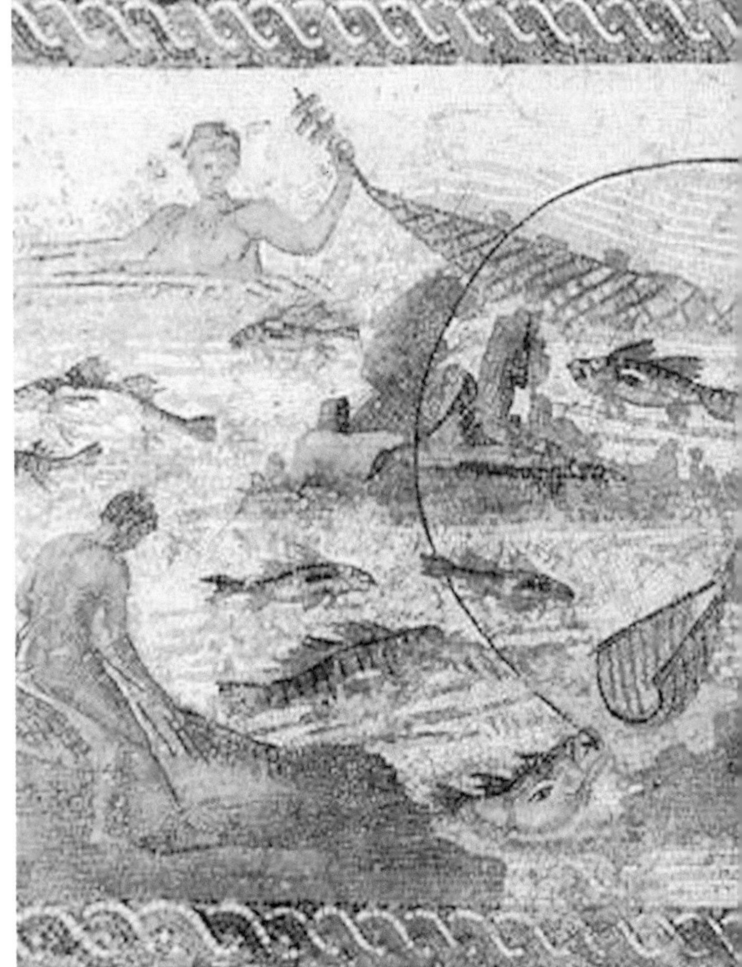

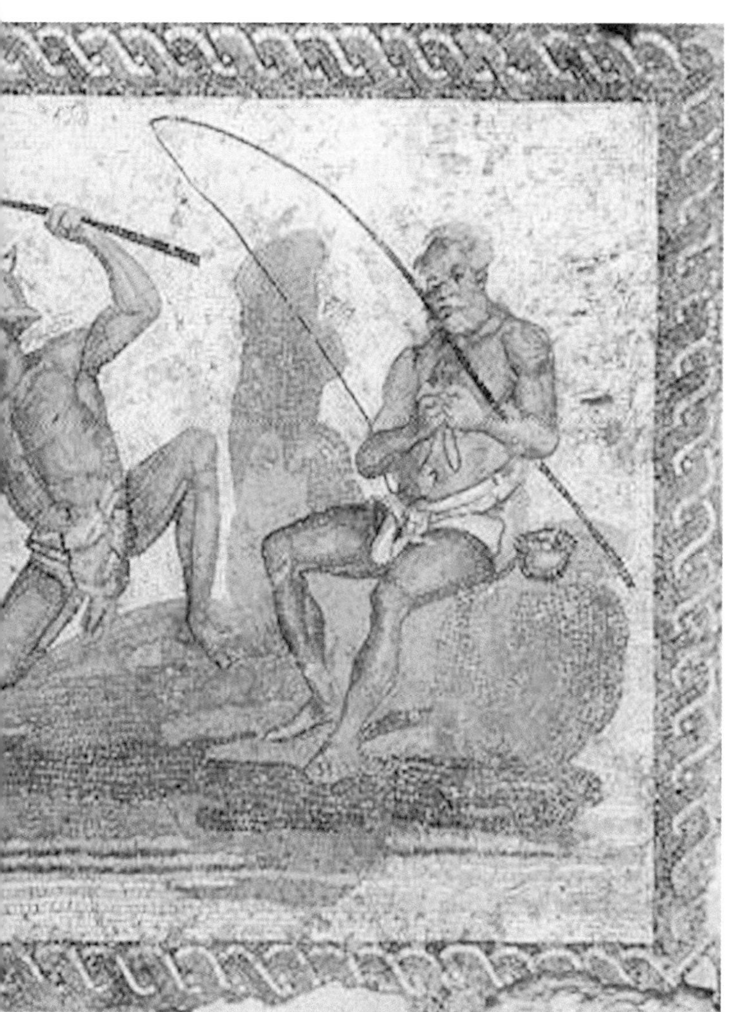

Auf antiken Darstellungen, wie hier auf einem römischen Mosaik, wurden Fischer und Angler stets als ärmlich bekleidete Zeitgenossen dargestellt. (Reproduktion einer gemeinfreien Abbildung aus spätrömischer Zeit.)

angenehme Nahrung; aber den im Wasser schwimmenden Fischen bleiben sie nicht unbemerkt. Wenn nämlich einer diese Fliegen auf dem Wasser schweben sieht, schwimmt er leise unter Wasser herbei, um es nicht in Bewegung zu setzen und so sein Wild zu verscheuchen. Wenn er ihm dann den Schatten zufolge nahe genug gekommen ist, so schluckt er die Fliege mit offenem Maul, wie der Wolf das Schaf aus der Herde raubt oder der Adler die Gans vom Hof; und dann kehrt er wieder unter die bewegte Wasseroberfläche zurück. Die Fischer wissen dies, bedienen sich dieser Fliegen als Köder für die Fische aber nicht, denn wenn eine menschliche Hand sie berührt, verschwindet die ihnen eigentümliche Farbe. Ihre Flügel welken, und sie werden den Fischen ungenießbar. Diese nähern sich ihnen also nicht, weil ihnen durch einen geheimen Instinkt das gefangene Insekt verhasst ist. Daher belauern die Fischer die Fische mit folgender von ihnen ersonnener List: Sie umgeben den Angelhaken mit purpurn gefärbter Wolle, dieser Wolle fügen sie zwei Federn an, die am Bart des Hahns wachsen und wie Wachs gefärbt sind. Die Angelrute ist einen Klafter [ca. 1,8 Meter] *und die Schnur ist ebenso lang. Diesen Köder lassen sie hinab, der Fisch, durch die Farbe gelockt und durch die Begierde gereizt, geht darauf los. Und indem er durch die Schönheit des Anblicks ein herrliches Festmahl erwartet, bleibt er, danach schnappend, an der Angel hängen, und ein bitteres Mahl wird ihm zuteil.*“[18]

Außer den, wenn auch sehr aufschlussreichen, Beschreibungen der Fischerei sind aus der Antike keine leidenschaftlichen Angler namentlich bekannt. Zwar berichten zahlreiche Legenden davon, dass die verliebte ägyptische Königin Kleopatra (69–30 v. Chr.) mit dem römischen Feldherrn Marcus Antonius (ca. 86–30 v. Chr.) gemeinsam angelte, doch dürfte die Ausübung dieses Hobbys eher eine Anekdote als historische Realität gewesen sein.[19]

Wer sich heute ein Bild über das Angeln als Freizeitvergnügen der Griechen und Römer machen möchte, muss sich mit den wenigen erhalten gebliebenen bildlichen Darstellungen auf Vasen und Mosaiken begnügen; diese zeigen jedoch zumeist die, wenn auch idealisierten, armen Fischer, wie sie in der Komödie des Plautus vorgestellt wurden.

Angeln als höfisches Vergnügen im Mittelalter

„Der Angelsport zählt zu den wunderbaren Instrumenten, die einem Menschen zu einer glücklichen Seele und einem blühenden und langen Leben verhelfen.“[20]

Juliana Berners, Pionierin des Angelsports und der Angelliteratur (1388–1460).

Da die Fischerei, wie auch die Jagd, im Mittelalter den Grundherren, also dem Adel und dem hohen Klerus, vorbehalten bleib, war den Bauern und dem sog. *gemeinen Mann* die Angelfischerei zumeist verboten oder mit erheblichen Einschränkungen verbunden. Das Angeln war somit, wie die Falkenbeize, ein rein höfischer Zeitvertreib, an dem auch Damen teilnahmen. Die früheste literarische Erwähnung fand der sportliche Fischfang im deutschen Sprachraum im Werk des Dichters Wolfram von Eschenbach (ca. 1170 bis ca. 1220). Dort heißt es über den Ritter Schionatulander:

„Schionatulander die großen wie die kleinen Fische mit der Angel fing, wie er dastand mit bloßen, blanken Beinen, im lauten schnellen Bach, der Kühle wegen.“[21] Auch auf die Frage nach der angewendeten Angelmethode und den erbeuteten Fischarten blieb Wolfram keine Antwort schuldig: *„Schionatulander mit einer Federangel fing Äschen und Forellen.*“[22]

Die mit Federhaken, frühen Kunstfliegen, gefangenen Äschen und Forellen schienen also bereits im hohen Mittelalter zu den später so bezeichneten Edelfischen gezählt worden zu sein, was wohl zum einen mit dem kulinarischen Wert dieser Salmoniden zu tun hatte und zum anderen darauf zurückzuführen ist, dass die auf Insektennahrung (sog. Flugnahrung) spezialisierten Fische mit künstlichen Fliegen zu überlisten waren, was das Federhakenangeln zur Kunst erhob und diese Form der Fischwaid somit in die Nähe der höfischen und hoch angesehen Falkenjagd brachte. Ob diese Federhaken Ähnlichkeiten mit den von Aelian erwähnten mazedonischen Fliegen hatten oder ob das mittelalterliche Fliegenfischen sich auf anderen Traditionen gründete, ist eine nur schwer zu beantwortende Frage; fest steht aber, dass das rund 1000 Jahre andauernde Mittelalter so gut wie keine angeltechnischen Innovationen zu bieten hatte, denn weder Ruten, Schnüre noch Haken hatten sich seit *grauer Vorzeit* wesentlich verändert.

Mit der englischen Klosterfrau Juliana Berners (1388–1460) brachte das späte Mittelalter aber eine kulturgeschichtlich bedeutsame Frau hervor, die als Verfasserin des ersten nicht in griechischer oder lateinischer Sprache verfassten Angelbuches weltliterarischen Ruhm für sich beanspruchen konnte. Juliana, die aus hohem Adel stammte, war früh Nonne geworden und liebte die mit ihrer familiären Abstammung verbundenen Betätigungen, zu denen neben der Jagd und der Falkenbeize vor allem das Angeln mit dem Federhaken zählte. Wann sie ihre berühmte Schrift *Treatyse of fysshynge wyth an Angle* zu Papier brachte, ist unklar, denn ihre Abhandlung über das Fliegenfischen ist Teil des Werkes *The Book of Saint Albans*, dessen frühestes Exemplar erst nach ihrem Tode, nämlich 1486 gedruckt wurde. Das Buch erlebte im 16. Jahrhundert zahlreiche Auflagen, was vor allem daran lag, dass sich seine Autorin neben der Kunst des Fliegenfischens vor allem mit den Lebensweisen der unterschiedlichen Fischarten auseinandergesetzt hatte, ihre Standplätze im Gewässer zu nennen wusste, die besten Jahres- und Tageszeiten zum Fischfang angeben konnte, Anleitungen zum Bau von Angelruten gab, erläuterte, wie man Haken schärfte und Angelschnüre knüpfte, sowie – dies macht das Werk zum eigentlichen Klassiker des Fliegenfischens – Bindeanleitungen für ein Dutzend fängiger Fliegen beschrieb, von denen einige, wie die Maifliege und die Steinfliege, noch heute zu den Standardmustern in den Fliegendosen aller Angler zählen, die es auf Forellen und Äschen abgesehen haben, denn es war im Mittelalter keineswegs einerlei, wie und auf welche Fischarten geangelt wurde.[23]

Schon damals wurde nach festen Regeln gefischt. So gab es für die einzelnen Fischarten regionale Schonzeiten und Mindestmaße, wobei die Ursachen für die Fischereigesetze freilich nicht in einer Reglementierung des Angelns zu suchen sind, sondern sie wurzeln vielmehr in der Bedeutung, welche die Fischerei im gesamten Mittelalter hatte. Der Fischfang spielte nämlich eine wichtige Rolle bei der Ernährung der Menschen. An der Nord- und Ostsee gefangene Fische wurden getrocknet oder eingesalzen und bis in den alpinen Raum exportiert. Neben der Versorgung mit Meeresfischen, hauptsächlich Heringe und Kabeljau, war aber auch die Binnenfischerei sowie die Zucht von Weißfischen und Karpfen während des gesamten Mittelalters für die Versorgung der Bevölkerung von erheblicher Bedeutung.

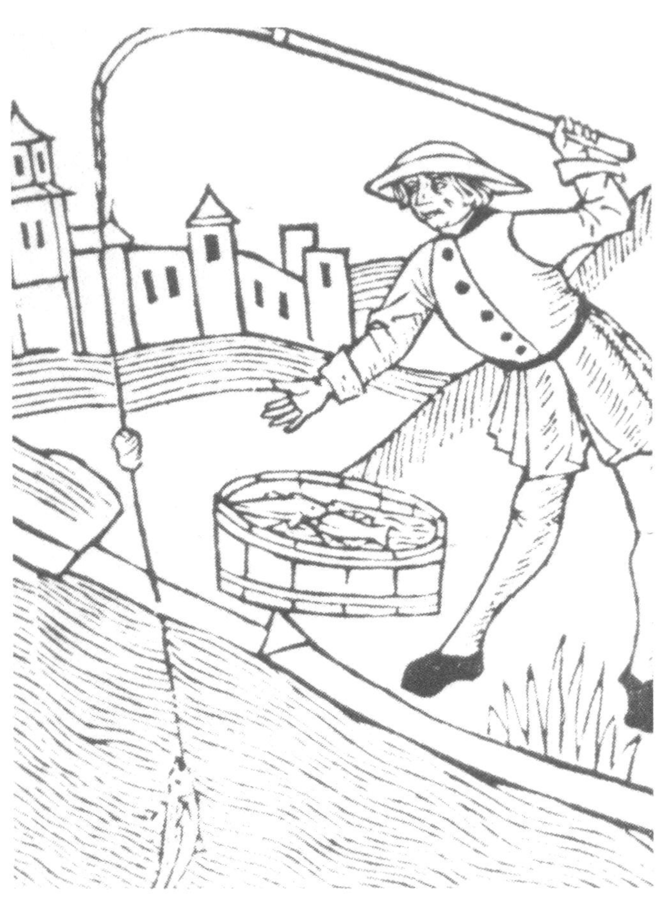

Die ersten echten Sportfischer waren höfische Ritter, die neben dem Kampf, der Minne und der Jagd auch das Angeln mit dem Federhaken schätzten. (Spätmittelalterlicher Holzschnitt.).

Die schier unüberschaubare Menge von Gesetzen und Verordnungen zum Fischfang, von denen die frühesten in den sog. *Capitulare de villis* Karls des Großen (747 oder 748–814) erlassen wurden, geben einen Eindruck von der Bedeutung der Fischerei und des Nahrungsmittels Fisch im Mittelalter. Allen Verordnungen war die Sorge um den Fischbestand gemeinsam. Um die Bestände zu schützen, wurden Mindestmaße für einzelne Fischarten sowie Mindestgrößen für Netzmaschenweiten festgeschrieben, diverse Fangmethoden und Geräte verboten sowie – lokal oft stark voneinander abweichende – Schonzeiten für bestimmte Fischarten eingeführt. Kaiser Maximilian I. (1459–1519) erließ 1508 die ersten verbindlichen Mindestmaße und Schonzeiten auf Reichsebene.Ob sein Reglementierungseifer damit zu tun hatte, dass der Monarch leidenschaftlicher Fischer und einer der ersten namentlich bekannten höfischen Angler war, ist eine interessante, jedoch rein spekulative Annahme.

Köder und Köderkulte im späten Mittelalter und in der frühen Neuzeit

„*Nur dumme Fische lassen sich zweimal mit demselben Köder fangen.*“[24]

Thomas Fuller, englischer Historiker (1608–1661).

Sucht man in alten Büchern nach „vergessenen“ Angelködern, so stößt man zuweilen auf recht kuriose und den modernen Leser erheiternde Rezepte, die zu ihrer Zeit jedoch völlig ernst gemeint waren und bei genauerer Betrachtung gar nicht mehr so absonderlich erscheinen, sondern in erster Linie den Erfindungsreichtum früherer Anglergenerationen widerspiegeln. Zugleich vermitteln sie aber auch einen Eindruck von den Schwierigkeiten und Mühen, denen unsere Vorfahren ausgesetzt waren, wollten sie etwas anderes als den sprichwörtlichen Regenwurm baden.

Eines der ältesten deutschen Bücher, in dem es neben allerhand anderen Mixturen auch um Angelköder geht, ist die *Magia Naturalis* von Wolfgang Hildebrand (um 1570–1635), die 1610 in Leipzig erschien. Hildebrand geht in seinem Werk, dessen Titel ins Deutsche übersetzt *Wunder der Natur* bedeutet, auf Angelköder ein, die uns heute sehr befremdlich erscheinen. Neben dem, was man modern ausgedrückt als Tricks und Kniffe bezeichnen würde, ist die *Magia Naturalis* voll von Hinweisen und Erklärungen, die, wie der Titel bereits verrät, mit Magie, Zauberei und Übersinnlichem zu tun haben. Noch immer in der Tradition des Mittelalters verhaftet, schien Hildebrand dem Blut von Tieren ganz

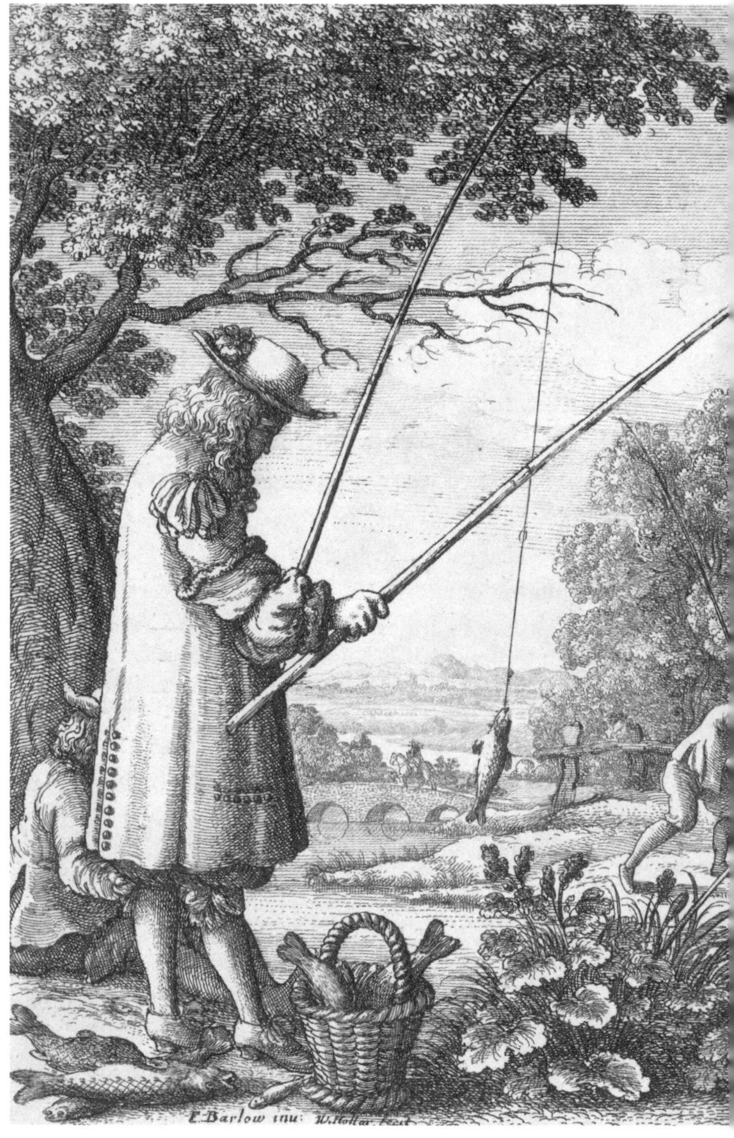
F. Barlow inu: W. Hollar

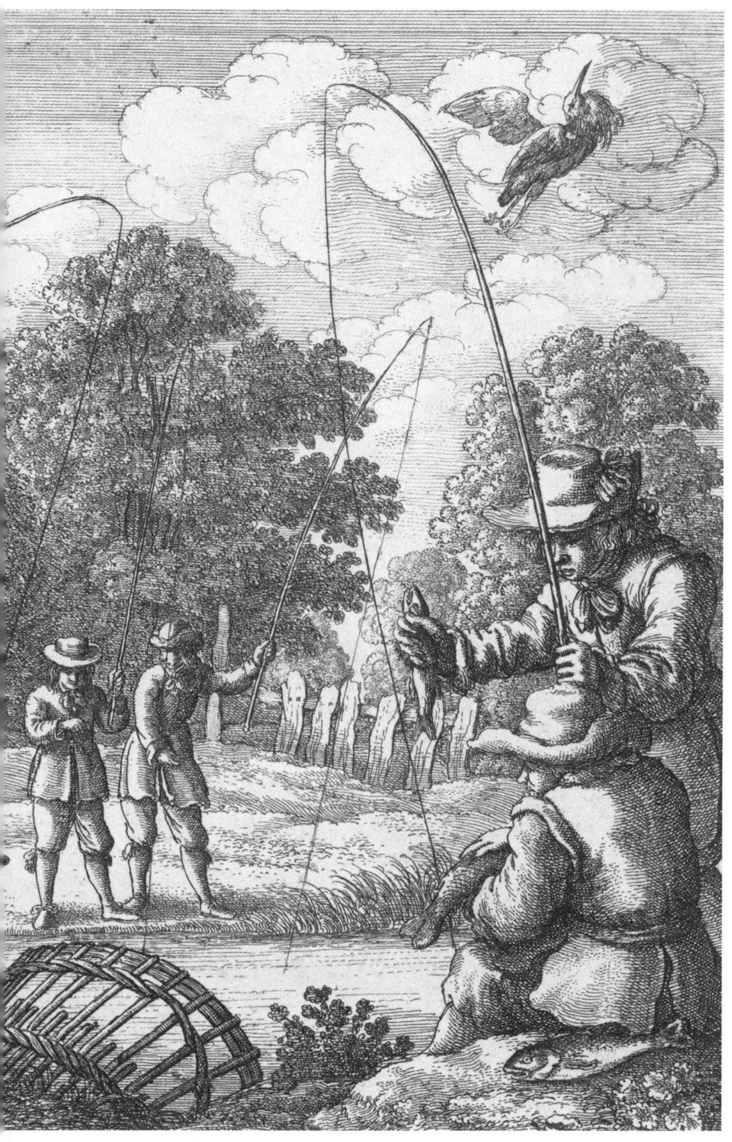

Im 17. Jahrhundert galt für Angler die Devise: „Je magischer der Köder, umso besser.“
(Reproduktion einer gemeinfreien Abbildung.)

besondere Eigenschaften zugemessen zu haben, die er bei richtiger Anwendung durchaus auch auf Menschen für übertragbar hielt. So lautete eine seiner Empfehlungen, sich die Augen mit dem Blut von Fledermäusen zu befeuchten, damit man in der Nacht so gut wie am Tage sehen könne.[25] Und auch für Forellenangler hat die *Magia Naturalis* ein leicht herzustellendes und blutiges Ködertuning im Repertoire: „*Nimm Blut von einem Rinde, lege Regenwürmer über Nacht darein, danach beißt die Fohre* [Forelle] *gern.*“[26]

Man muss aber nicht auf das Schrifttum magisch angehauchter Autoren des beginnenden 17. Jahrhunderts zurückgreifen, um in der Literatur auf Köder zu stoßen, bei deren Herstellung sich die Nackenhaare moderner Angler aufrichten. Im Mutterland des Sportfischens empfahl der Engländer Richard Brookes (1721–1763) in seinem ansonsten sehr sachlichen Buch *The Art of Angling* (Die Kunst des Angelns) aus dem Jahre 1740 folgende Mischung zum Anfüttern diverser Fischarten:

„*Nimm das Blut eines Ochsen, einer Ziege und eines Schafes, mische dieses mit dem Dung derselben Kreaturen und füge dann Thymian, Oregano, Polei-Minze, Bohnenkräuter, Holunder, Knoblauch, Reste von süßen Weinblättern hinzu und mische alles zusammen. Sodann packe es in Lumpen und werfe es dort aus, wo du eine Stunde später angeln möchtest.*“[27]

Ob diese Lumpenpackung die gewünschte Wirkung erzielte, dürfte angesichts der sehr hohen Gewürzpreise in der ersten Hälfte des 18. Jahrhunderts für die meisten zeitgenössischen Angler jedoch nicht zu klären gewesen sein.

Und auch für die in Deutschland längst verbotenen gefärbten Maden findet man in der älteren Angelliteratur nicht gerade appetitliche Ersatztipps. Folgt man einer Empfehlung von St. M. Henning (Lebensdaten unbekannt) aus seinem 1838 erschienenen Buch *Geheim gehaltene Fischkünste*, so kann man die nötigen Wümchen zum Fang von Forellen wie folgt züchten und konservieren:

„Man nehme ein Huhn, schneide es am Bauche auf, und schütte 3 Eidotter und etwas gestoßenen Safran, ohne die Eingeweide heraus zu nehmen, hinein, nähe das Huhn wieder zu, vergrabe es in Pferdemist, der recht brennt und laß es 4 Wochen darin liegen. Nach Verlauf dieser Zeit wird man gelbe Maden oder Würmchen darin finden, und diese Maden sind der Köder, mit dem man fischt. Will man diese Würmchen öfters gebrauchen und an ihnen einen Köder für ein ganzes Jahr haben, so nehme man Honig und Essig, thue beides in eine eiserne oder blecherne Pfanne, lasse es siedend werden und verschäume den Honig öfters, schütte es sodann in eine blecherne Büchse oder glasurten [gemeint ist hier wohl ein glasierter] *Topf, thue etwas Kampfer dazu, und nachdem es erkaltet, die Würmchen hinein; auf diese Weise halten sie sich ein ganzes Jahr.*“[28]

Interessant ist, dass bereits Hildebrand in seiner *Magia Naturalis* diesen Tipp vorstellte; allerdings sollten

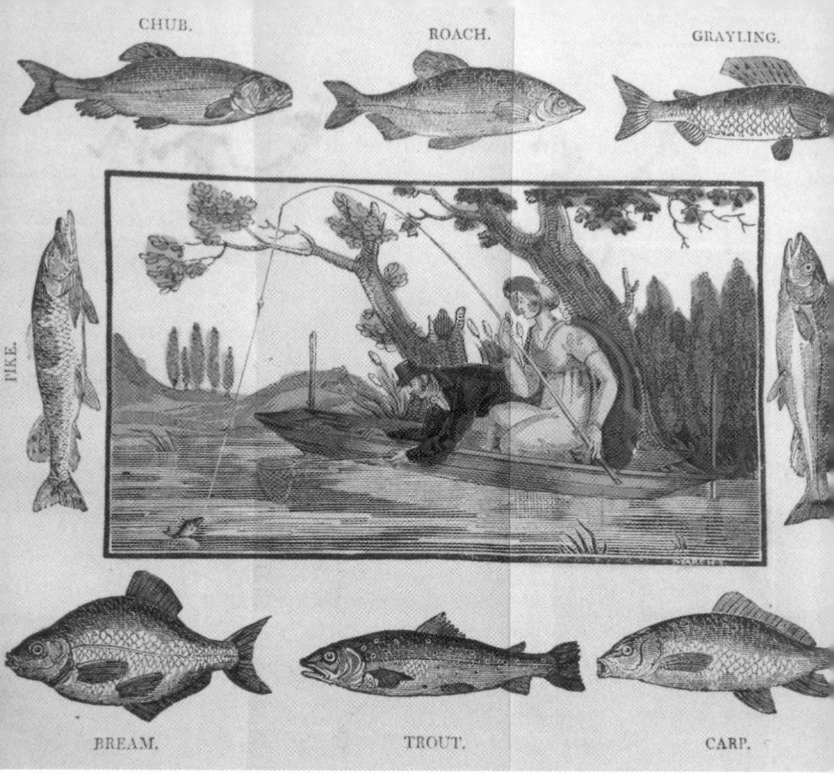

Auch im 18. und 19. Jahrhundert ging beim Zielfischangeln ohne Tricks nichts. (Reproduktion einer gemeinfreien Abbildung.)

es nach seiner Expertise unbedingt schwarze Hühner sein, die man zuvor von außen und innen mit Honig zu bestreichen hatte, bevor man sie einen Monat lang in Pferdemist vergraben sollte. Anders als die gelben Maden wären es nach dem Rezept von Hildebrand jedoch „*grüne Würmlein*", die ein ganzes Jahr haltbar blieben.[29]

Dass sich an der Fängigkeit unterschiedlicher Köder seit jeher die Geister schieden, ist eine unbestreitbare Konstante in der Geschichte des Angelns und der Angelköder. Trotz der historischen Distanz von annähernd 200 Jahren hat sich an einer Erkenntnis Hennings bis heute aber nichts geändert: „*Der Eine wählt diese, der Andere wählt jene Lockspeise, und jeder, wenn er seine bestimmte hat, hält seine für die beste.*"[30]

Izaak Walton – Der vollkommene Angler

„Kein Leben ist so glücklich wie das eines selbstbeherrschten Anglers.“[31]
(Izaak Walton)

Bücher erleben oft Schicksale, die ihre Autoren nicht einmal in ihren kühnsten Träumen erhoffen können. Als der Engländer Izaak Walton (1593–1683) im Jahre 1653 die Erstausgabe seines Buches *The Compleat Angler; or, the Contemplative Man's Recreation* (*Der vollkommene Angler oder Eines nachdenklichen Mannes Erholung*) in Händen hielt, war er bereits 60 Jahre alt und hätte es wohl nicht für möglich gehalten, dass ausgerechnet sein Angelbuch zu einem der Klassiker der englischen Literatur avancieren, zu seinen Lebzeiten fünf weitere Auflagen erleben, nach der Bibel und den Werken seines Zeitgenossen William Shakespeares zu den meistgedruckten Büchern in englischer Sprache zählen und bislang weit über 500 Auflagen und Übersetzungen in viele Sprachen erleben würde.

Walton gilt bis heute als *Vater aller Angler*, was jedoch historisch alles andere als korrekt ist, denn bei genauem Studium seines Buches fällt auf, dass er sich häufig auf althergebrachte Angelmethoden bezog, die zu seinen Lebzeiten bereits auf eine jahrhundertealte Tradition zurückblicken konnten. Hinzu kommt, dass er ganze Passagen aus den Angelbüchern anderer Autoren übernahm, ohne diese als Kopien zu kennzeichnen, was zu seiner Zeit allerdings nicht als Schande galt und im Literaturbetrieb gang und gäbe war.[32]

Das über weite Strecken in Versen bzw. Gesängen verfasste Werk ist für moderne Petrijünger nicht eben leicht zu lesen, denn es handelt sich beim *Vollkommenen Angler* keineswegs um ein reines Angelbuch mit Tricks und Kniffen, sondern um eine religiös-besinnliche Erbauungsschrift, wie sie im 17. Jahrhundert dem gängigen literarischen Geschmack entsprach. Das Buch stellt die Vorzüge des Angelns in Form von Gesprächen zwischen drei Freunden, dem Angler Piscator, dem Vogelfänger Auceps sowie dem Jäger Venator, dar. Es versteht sich von selbst, dass Piscator die schönste, erbaulichste und auch gottgefälligste der drei Passionen gewählt hat. Das Naturfreundetrio trifft sich am 1. Mai, um gemeinsam am River Lea (einem Nebenfluss der Themse) auf diverse Fischarten zu angeln, wobei der Experte die beiden Anfänger in die Geheimnisse des damaligen Zielfischangelns einweiht.

Trotz seines Charakters als Moralbüchlein lassen sich aus den Schilderungen des insgesamt fünf Tage andauernden Angelausfluges interessante Rückschlüsse auf die Angelmethoden in der zweiten Hälfte des 17. Jahrhunderts ziehen. So beschreibt Walton z. B., welche Fehler man beim Aufstecken eines Tauwurmes, der zum Fang von Forellen in fließendem Wasser in stromabwärtiger Richtung treiben soll, möglichst zu unterlassen hat:

„Wenn du mit einem Tauwurm angelst, so stoße den Haken zunächst ein wenig über seiner Mitte ein und führe ihn etwas unter der Mitte wieder heraus, drehe den Wurm sodann über den Schenkel des Hakens, beachte aber, dass das Öhr des Hakens dabei nicht den Kopf des Wurmes berührt,

sondern das Schwanzende oben am Haken sein soll, denn die Hakenspitze soll aus dem Kopf des Wurmes ragen.“[33]

Und auch über die Lebensgewohnheiten der unterschiedlichen Fischarten war er sehr gut informiert:

„Über die Schleie ist bekannt, dass sie Teiche weitaus mehr schätzt als Flüsse und das tiefe Wasser am liebsten hat. Zwar gibt es einen Fluss in Dorsetshire, der voller Schleien ist, doch ziehen sie sich in ihm allein an die tiefen Stellen zurück.“[34]

Walton wäre kein hundertprozentiger Angler gewesen, fände sich in seinem Buch nicht auch eine gehörige Portion Anglerlatein. So berichtete er beispielsweise über einen See, in dem seine Sportsfreunde fast ausschließlich blinde Hechte auf die Schuppen legten. Der Grund für die Blendung der Raubfische läge im aggressiven Wesen der Frösche, die, so hatte er es selbst beobachten können, den Hechten auf den Kopf sprangen, sie niederrangen und ihnen sodann die Augen aus den Höhlen drückten.[35]

Es sind aber vor allem die zeitlosen Weisheiten, die sein Werk bis heute unsterblich machen; kleine Beobachtungen und Wahrheiten, die auch gut 330 Jahre nach seinem Tode von vielen Anglern bestätigt werden können, wie beispielsweise folgende: *„Wenn alle Angeltheorien stimmen würden, so wäre in unseren Seen, Flüssen und Bächen kein Fisch mehr übrig.*“[36]

Ob seine Angelleidenschaft und Gelassenheit etwas damit zu tun hatte, dass er 1683 im für damals biblischen Alter von 90 Jahren in die ewigen Fischgründe einging, weiß Petrus allein.

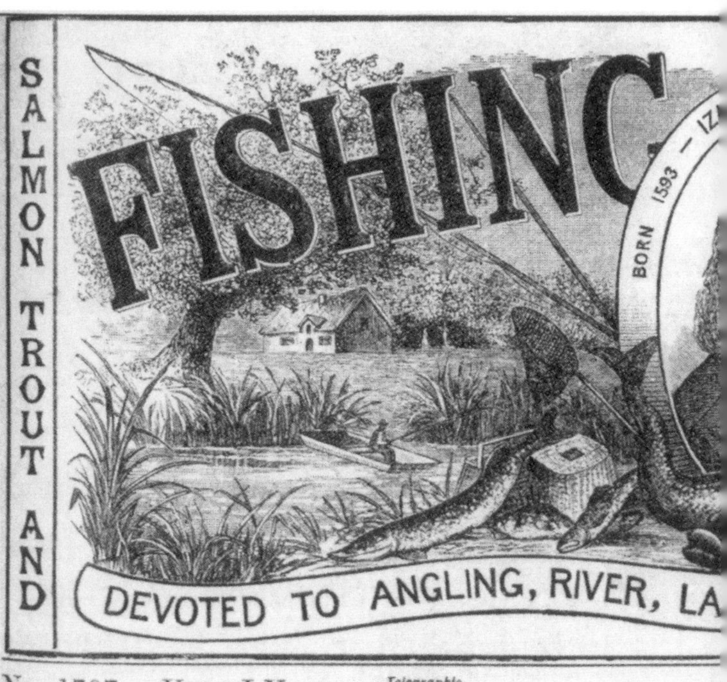

SALMON TROUT AND

FISHING

BORN 1593 — IZ

DEVOTED TO ANGLING, RIVER, LA

No. 1707.—Vol. LX.
Registered at the G.P.O. as a Newspaper.

Telegraphic Address—
"Fishing Gazette, London."

SATURDAY.

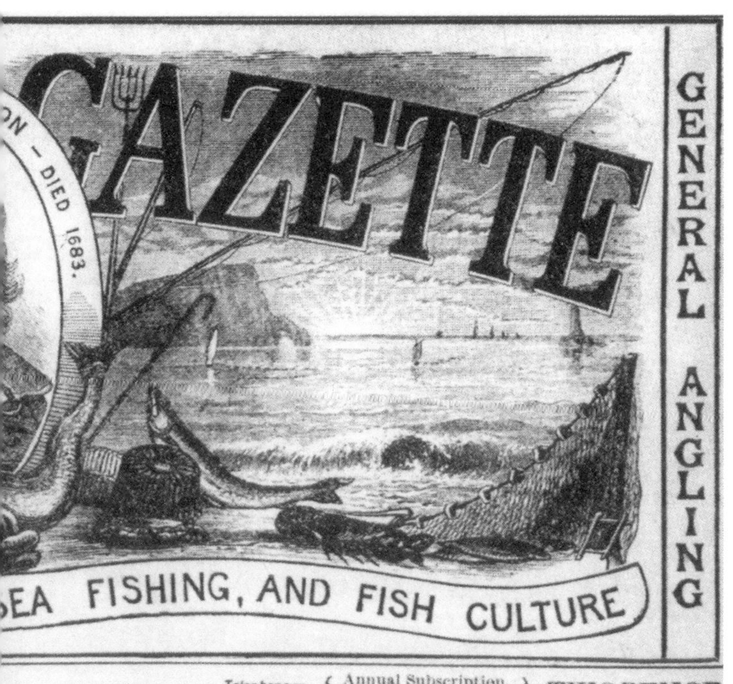

In England ist Izaak Walton eine Ikone und zierte lange die Frontseite der Fishing Gazette.

Groß, größer, am größten – Die Geschichte des Anglerlateins

„Wo man dich kennt, erzähle kein Anglerlatein und erzähle es erst recht nicht dort, wo man die Fische kennt“[37]

Mark Twain, US-amerikanischer Schriftsteller (1835–1910).

Mit seinen durch Frösche geblendeten Hechten war Izaak Walton keineswegs der erste Anglerlateiner. Schon lange vor der Erfindung des Buchdrucks mit beweglichen Lettern kannte die Fantasie der Petrijünger, Berufsfischer, Fischesser und Chronisten kaum Grenzen, wenn es darum ging, Erlebnisse am Gewässer und im Umgang mit Fischen kreativ aufzubereiten oder auszuschmücken. Besonders das Längenwachstum und das Gewicht der Fische, von denen man seinen Mitmenschen Bericht erstattete, waren in diesem Zusammenhang geradezu erstaunlich. So findet sich in der Konstanzer Chronik für das Jahr 1299 ein Eintrag, der offensichtlich den Fang eines Welses bezeugen sollte, eines Fisches, dessen Ausmaße selbst dann als Ausgeburten fantasievollsten Anglerlateins gelten müssen, wenn man annehmen möchte, dass Waller tatsächlich ein Gewicht von mehr als 150 Kilogramm erreichen könn(t)en.

„1299, 1. Juli, ward ein unbekannter Visch im Mündlingsee (Mindelsee) bei Meckingen (Möggingen) gefangen, der war also groß, daß hielandt kein großer Visch nie gesehen ist worden. Herr Hans von Bodmann schickt den Kopf von demselben Visch Herrn Rudolfen von Höven,

Thumdechan zu Constenz. Uss demselben Kopf wurden gemacht 46 Stück, gar groß, daß allweg zwei Stück genug in eine Schüssel war. Über das Haupt lud er alle Chorherren, von Münster, zu St. Steffen und St. Johannes und andere Priester. Deren Zahl 34 war. Und wurden sechs Schüsseln mit Visch in die Stadt verschenkt.“[38]

Auch wenn es sich nicht um einen Wels, sondern um einen bis in den Bodensee aufgestiegenen Stör gehandelt haben sollte, erscheint es mehr als fraglich, dass eine solch erstaunliche Anzahl an Essensportionen aus einem einzigen Fischkopf gewonnen werden konnten, und es drängt sich die Vermutung auf, dass der Chronist, ähnlich wie die Naturkundler der Antike, zum Stilmittel der maßlosen Übertreibung griff, um sein Lesepublikum zu unterhalten, denn der „Konstanzer Welskopf“ war nicht der erste hanebüchene Bericht über Riesenwaller. Fantastische Geschichten, die sich um den Fang von Monsterfischen, besonders um den von Welsen, rankten, konnten auf eine lange und bis in die Antike zurückreichende Tradition blicken. Schon Aelian wusste in seinen Tiergeschichten über die Wehrhaftigkeit der Donauwaller Erstaunliches zu erzählen:

„Ein *Istrianer* [Bewohner des Unterlaufes der Donau], von *Gewerbe* ein *Fischer, treibt nahe* dem *Ufer* des *Ister* [untere Donau, gemeint ist wohl das Delta] ein *Gespann* von *Rindern*, die *er nicht* zum *Pflügen bedarf.* [...] *Wenn er* ein *Gespann* von *Pferden* bei der *Hand hat, so benutzt er Pferde*, und das *Joch* auf den *Schultern tragend, begibt er* sich *dahin*, wo *er glaubt einen guten Sitz* zu *finden*, und eine *gute Jagd* zu *machen. Hier bindet er* einen *starken* und zum *Ziehen recht tauglichen Strick an das Joch* der *Tiere, Rinder* oder *Pferde.* [...] *Der Fischer aber befestigt* an dem *andern Ende* des *Strickes* einen *starken und gut geschärften Angelhaken, woran er* die *Lunge* eines *gemästeten Stieres bindet,* die *er* dem *Istrischen Silurus* [Donauwaller] als das *angenehmste Futter anbietet. An den Strick,* an welchem der *Angelhaken* hängt, *befestigt er ein hinlängliches Stück Blei, um* als *Ballast* beim *Fortziehen* zu *dienen. Sobald nun* der *Fisch das Futter gewahr* wird, *eilt er sogleich* auf die *Beute zu, und wenn er dann erlangt hat,* was *er begehrt, und mit offnem* Rachen *das verderbliche Mahl reichlich* und *verschwenderisch eingeschluckt hat, dann vor Lust* sich *wälzt, durchbohrt* sich der *Schlemmer, ohne* es zu *bemerken, mit dem Angelhaken; und indem er* sich des *aufgenommenen Übels* zu *entledigen sucht, bewegt* und *reißt er* aus *allen Kräften* an dem *Stricke. Der Fischer* [...] *treibt die Rinder oder Pferde und die Kraft der Jochtiere kämpft gegen die Kraft des Wassertieres, denn der Zögling des Ister zieht mit all seiner Kraft in die Tiefe und das Joch zieht dem entgegen und spannt das Seil an.* [...] *Der Fisch unterliegt bei diesem Ziehen und wird, von seiner Kraft verlassen, auf das Ufer gezogen.*“[39]

Mit der Erfindung des Buchdrucks und der damit einhergehenden Entstehung der ersten Massenmedien war der hemmungslosen Verbreitung fantasievollsten Anglerlateins dann Tür und Tor geöffnet, wobei es in erster Linie um Welse und Hechte ging, die als ausgewachsene Exemplare mit dem damaligen Angel-

Hechte konnten Anglern selten zu groß sein. Dieser Riese wurde in den 1920er-Jahren auf einer Postkarte verewigt.
(Reproduktion einer gemeinfreien Abbildung.)

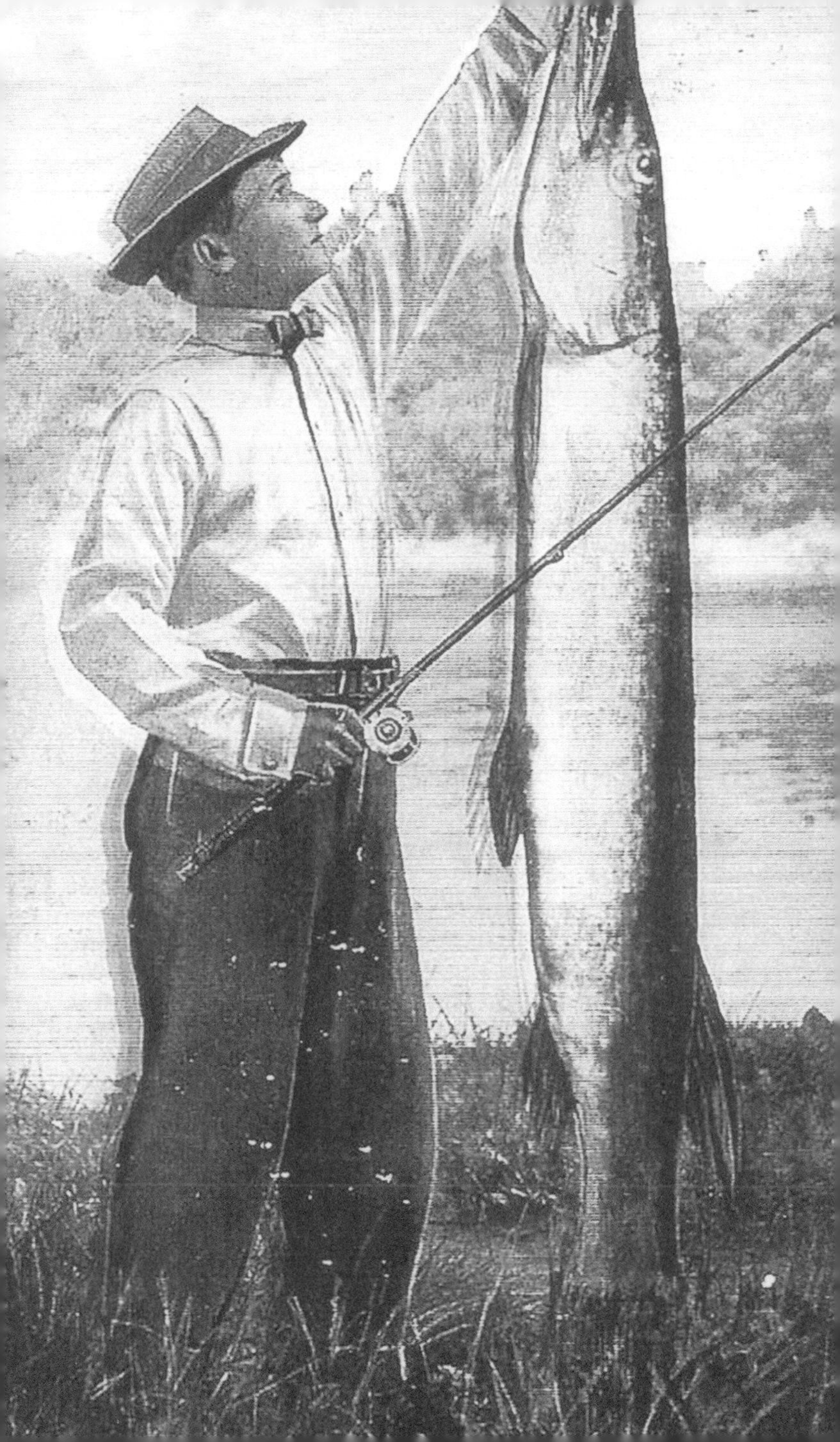

gerät nur schwer zu bezwingen waren. Naturkundliche Lehrbücher, Chroniken und Flugblätter aus dem späten Mittelalter und dem 16. Jahrhundert sind eine wahre Fundgrube für Schauergeschichten, die den damaligen Anglern Albträume bereitet haben dürften, denn sie stammten mitunter aus den Studierzimmern der angesehensten Gelehrten und galten somit als verbürgt. So berichtete der Schweizer Naturforscher Conrad Gesner (1516–1565) in seiner mehrbändigen Schrift *Historiae animalium* über die Gefräßigkeit des Welses:

„Er fresset allerley, was er bekommen kann, Gänse, Enten, verschonet auch des Viehes nicht, so man es zur Weyed oder zur Tränke führet, verschonet auch des Menschen nicht, so er ihn bekommen kann."[40]

Auch der als begeisterter Angler und Fischer bekannte Kaiser Maximilian schien in Bezug auf Anglerlatein kein Kostverächter gewesen zu sein, denn, so überliefert es Gesner, dem obersten Angler des Reiches wurde 1497 ein in einem Heilbronner See von Berufsfischern gefangener Hecht zum Geschenk gemacht, der sage und schreibe 140 Kilogramm auf die Waage brachte und fünfeinhalb Meter lang gewesen sein soll. Diese gewaltigen Ausmaße ließen sich recht einfach erklären, denn der Fisch war mit einem goldenen Ring versehen, dessen Inschrift besagte, dass er einst von Kaiser Friedrich II. (1194–1250) persönlich ausgesetzt worden war und zum Zeitpunkt seines Fangs also mindestens 247 Jahre auf dem vermutlich stark bemoosten Buckel hatte.[41]

Dass es neben Welsen, die bis zum Ende des 20. Jahrhunderts in West- und Norddeutschland nicht verbreitet waren, vor allem Hechte waren, die genügend Stoff für Anglerlatein boten, lag zum einen am großen Verbreitungsgebiet dieser Raubfische, aber auch an ihrer Größe und ihren scharfen Zähnen, an denen man sich rasch blutende Finger holen konnte und die dazu einluden, Fanggeschichten bis zur Unkenntlichkeit auszuschmücken und zu übertreiben. Dass spannende Kämpfe mit wehrhaften Hechten – dies zählte seit jeher zu den wichtigen Stilelementen des Anglerlateins – meist von den Raubfischen gewonnen wurden, verstand sich dabei fast von selbst, denn ihnen gelang es, die stärksten Schnüre zu zerreißen und die dicksten Angelruten zu zerbrechen. Dass sich Angler, die den Hecht ihres Lebens durch Ruten- oder Schnurbruch verloren hatten, im Grunde zu den glücklicheren ihrer Zunft zählen konnten, wussten die Bewohner der Eifel, denn am dortigen Ulmersee konnte die Begegnung mit Hechten durchaus lebensgefährlich werden:

„*Im See zu Ulmen in der Eifel sind zwei Fische, die schon mancher gesehen hat, einer dreißig Schuh lang und ein anderer zwölf Schuh lang, die haben Hechtsgestalt. Und so sie sich sehen lassen, stirbet gewißlich ein Ganerb* [Erbberechtigter] *des Hauses Ulmen, es sei Mann oder Frau, wie das oft ist bewähret und erfahren worden.*“[42]

Es wäre für die Eifeler Angler wohl kaum ausdenkbar gewesen, was ihnen gedroht hätte, wäre einer der Ulmersee-Hechte ihren Ködern nahe gekommen.

Dass es aber nicht immer Hechte und Waller sein mussten, die den Ehrgeiz und die Fantasie der Angler anregten, belegt eine Schilderung im Werk von John Horrocks (1816–1881), der in der zweiten Hälfte des 19. Jahrhunderts eigentlich für das Fliegenfischen auf Forellen und Äschen im Thüringer Wald zuständig war und vielen Fliegenfischern noch heute als Altmeister des englischen Stils mitsamt der britischen Zurückhaltung gilt:

„*Mein verstorbener Bruder James Horrocks fing am 1. Juli 1857 beim Drehen* [Spinnfischen] *mit einem Weißfisch im Grundel-See in Tyrol eine prächtige 15 Kilogramm schwere Forelle. Der Fisch wurde von einem Boot aus in der Dämmerstunde angehakt und bei Fackellicht um Mitternacht gelandet. Den folgenden Tag fing mein Bruder eine 7,5 Kilogramm schwere Forelle auf dieselbe Weise, und sein Tagebuch weist nach, daß er in dieser Zeit 84 Forellen im Gewicht von 85 Kilogramm fing.*“[43]

Man muss aber nicht in vergangenen Jahrhunderten nach wundersamen Erzählungen suchen, auch in unseren Tagen braucht niemand auf den Genuss wunderbarster Angelgeschichten zu verzichten, denn die moderne Literatur ist voll von imposanten Storys über Angelerlebnisse, wie beispielsweise die folgende aus der Feder Bruno Wigams (Lebensdaten unbekannt), eines selbsternannten Angelaltmeisters der späten 1960er- und frühen 1970er-Jahre:

„*Bei dem Preisangeln nun, an dem Hunderte von Anglern teilnahmen, angelten nur wenige mit der Spinnrute.*

Unter anderem auch der Vorsitzende unseres Vereins, ein prachtvoller Charakter, der fast Sonntag für Sonntag mit der Spinnangel an der Elbe zubrachte und sein Wasser gut kannte. Trotzdem hatte ich mehr Erfolg als er. Ich erbeutete zwölf Hechte und errang damit den sechsten Preis.“[44]

Aufmerksame moderne Angler werden somit – spätestens nach einem Besuch im Vereinsheim – feststellen, dass sich die Geschichten übers Angeln in den vergangenen Jahrhunderten nur unwesentlich verändert haben. Und nach wie vor ist Ernest Hemingway beizupflichten, der einst feststellte, dass Fische die einzigen Lebewesen seien, die nach ihrem Fang und Verzehr weiter und immer schneller wachsen würden.[45]

Mit Hundeleber, Hammelblasen und Schießgewehr – Hechtfang im 19. und frühen 20. Jahrhundert

„*Sind alle Angler Lügner, oder lügen nur Angler?*“[46]
William Sherwood Fox, kanadischer Anger (1878–1967)

„*Wer kennt nicht diesen Räuber, diesen Haifisch in unseren Strömen, Flüssen, Seen, Teichen und Gräben, der alles verschlingt was er überwältigen kann, selbst Fische seiner Größe, die er bei dem Kopfe packt und diesen erst kurz und klein drückt, dann auch den andern Teil des Körpers nach und nach folgen läßt. Frösche, Kröten, Schlangen, Ratten, junge Enten und Gänse sind ihm alle recht. Mit seinen scharfen nach Innen gehenden Zähnen, hält er alles fest, was er einmal erfasst.*“[47] Mit diesen Worten beginnt das Kapitel über den Hechtfang im bis heute zu den Klassikern zählenden Angelbuch des königlichen Hauptmannes a. D. und Ritters Baron von Ehrenkreutz (Lebensdaten unbekannt) aus dem Jahre 1852. Von Ehrenkreutz hatte es sich zur Aufgabe gemacht, nicht nur die Angelfischerei auf das Exakteste zu beschreiben, sondern betitelte sein Buch auch ganz unbescheiden: „*Das Ganze der Angelfischerei und ihrer Geheimnisse, oder vollständige Anleitung die Angelfischerei mit dem glücklichsten Erfolge zu betreiben*“. Dass er dem Hecht in seinem umfassenden Werk eine ganz besondere Bedeutung beimaß, beruht wohl auf der Sonderstellung, die dieser Raubfisch in der Fauna der Sportfische von jeher einnahm. Besonders im deutschsprachigen Raum begegneten ihm die Autoren von Angelbüchern und

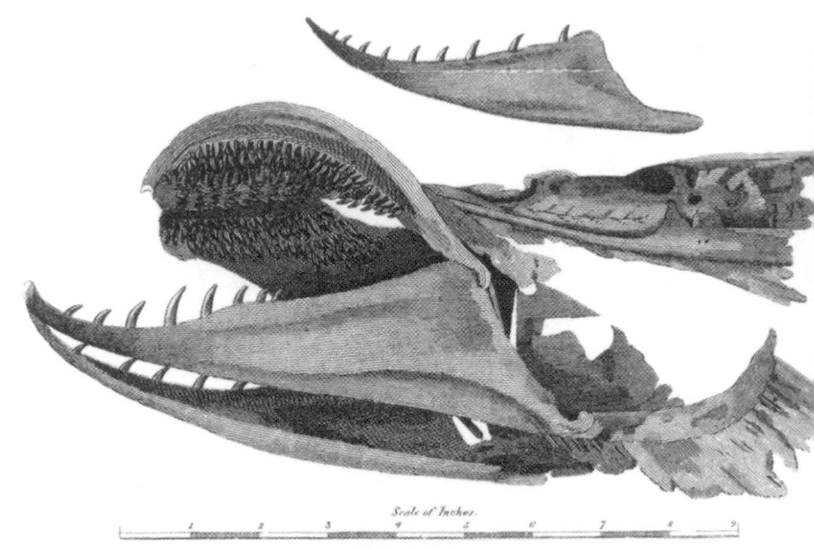

Auch In der wissenschaftlichen Literatur des späten 18. Jahrhunderts glichen Hechte oft Krokodilen. Hier die Abbildung eines Furcht einflößenden Hechtkiefers aus den 1790er-Jahren.
(Reproduktion einer gemeinfreien Abbildung.)

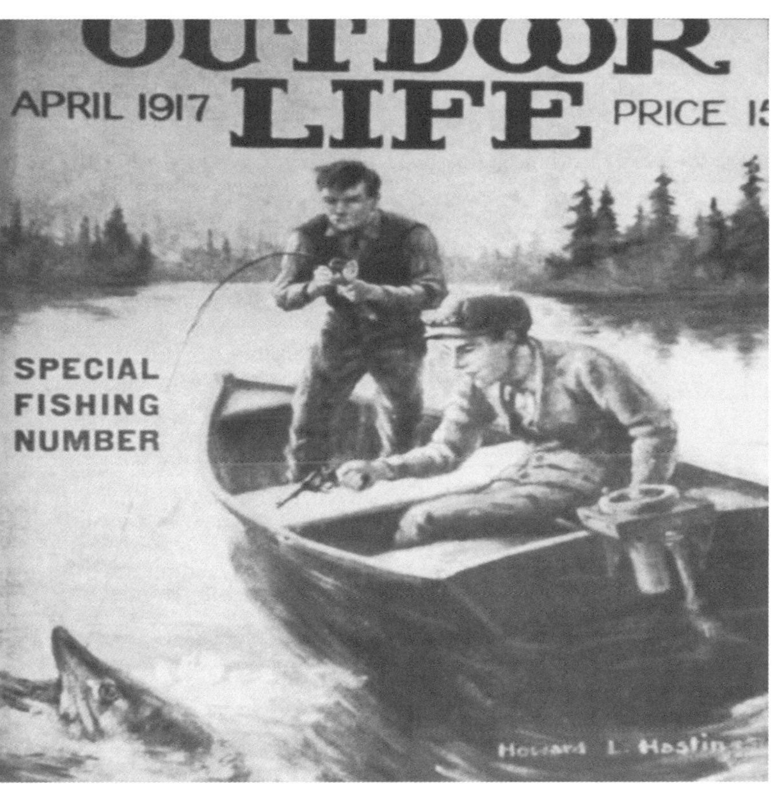

Die Mär vom schrecklichen Hecht hielt sich lange und inspirierte, wie hier im April 1917, sogar die Illustratoren von Magazincovern zu abenteuerlichen Bildern.

Sportfischermagazinen mit einer Mischung aus Abscheu und Faszination, und so verwundert es nicht, dass Meister Esox mit den „heimtückischsten“ und gefährlichsten Raubtieren zu Lande und zu Wasser verglichen wurde. Der Altmeister des Angelsports Max von dem Borne (1826–1894) kam 1877 in seinem Klassiker *Die Angelfischerei* zu dem Schluss: *„Seine Kraft und Gewandtheit, seine grenzenlose Brutalität stempeln den Hecht zu einem erstklassigen Sportfisch.“*[48] Und Fritz Skowronnek (1858–1910) berichtete in seinem 1904 erschienen Buch *Die Fischwaid* über den *„Charakter“* des Hechtes: *„Er vereinigt so ziemlich alle Eigenschaften, die man anderen Fischen nachsagt, die guten sowohl, wie die schlechten.“*[49] Und bereits ein Jahr zuvor nannte ihn der Erfinder des legendären *Heintz*-Blinkers, Dr. Karl Heintz (1849–1925), in seinem bis heute nachgedruckten Standardwerk *Der Angelsport im Süßwasser „die Hyäne und den Schakal unserer Gewässer“*[50].

Entsprechend der zeitgenössischen Klassifizierung des Hechtes als wildes und verwegenes Raubtier, empfahlen die Angelbuchautoren Köder, die bei modernen Anglern Erstaunen hervorrufen und die vermutlich auch im 19. Jahrhundert nur wenige Hechte zum Anbiss verleiten konnten. Baron von Ehrenkreutz fasst 1852 die besten Hechtköder wie folgt zusammen:

„Man fängt ihn hauptsächlich mit Setz-, Roll-, Pfahl-, Hoch-, Lauf- und Schmeißangeln, und ködert daran kleine lebendige Rotaugen, Springmönchen, (Weißflosser), Gründlinge und andere; dann Frösche, besonders gold-

gelbe, und im Juli Laubfrösche; auch geht er gern an sehr stark riechende Hunde- und in Ermangelung auch andere Leber, die man bei Mangel kleiner Fischchen nimmt.“[51]

Als Bissanzeiger wurden dabei nicht etwa Posen aus Kork oder Holz verwendet, sondern zu Luftballons aufgepustete Hammelblasen. Von Ehrenkreutz berichtete: „*Die Engländer geben den Blasen verschiedene Farben und machen Wetten, daß sich ein Hecht eher an dieser als jener farbigen Blase fange.*“ Wollten die Hechte sich partout nicht mit Köderfischen, Fröschen oder Hunde leber an den Haken locken lassen, so empfahl der Baron sie mit dem Speer oder Schießgewehr im flachen Wasser zu erlegen, was jedoch einige Übung und ein zielsicheres Auge verlangte, denn, so betonte er: „*Hat man ihm die* [Schwimm]*Blase ein geschossen, so geht er schnell unter und ist oft für den Fischer verloren.*“[52]

Trotz der aus *Brehms Tierleben* entlehnten Sprache hätten die deutschen Autoren und Angelpäpste besser über den Hecht und seine Lebensweise Bescheid wissen können. Ein Blick in das eine oder andere englische Angelbuch beweist nämlich, dass britische Angler und Anglerbuchautoren schon 100 Jahre vor ihren deutschen Kollegen sehr gut über die Lebensweise von Hechten informiert waren und die Fische keineswegs als Hyänen des Süßwassers oder Hundeleber verschlingende Bestien betrachteten, sondern in ihrem Fang eine sportliche Herausforderung sahen. Richard Brookes war 1781 der Auffassung, dass man besonders im deutschsprachigen Raum zu viele Schauermärchen über den Hecht verbreiten würde, und beschränkte sich in seiner Charakterisierung darauf, Folgendes festzustellen:

„Dieser Fisch ist so gefräßig, dass er sogar Fische verschlingen kann, die fast so groß sind wie er selbst. Es gibt verschiedene Geschichten von Gesner [gemeint ist Conrad Gesner, der Schweizer Naturforscher des 16. Jahrhunderts] *und anderen Gelehrten über seine Gefräßigkeit, doch steht allein fest, dass er auch seine Artgenossen nicht verschont.*“[53]

Statt sich lange mit Beschreibungen aufzuhalten, empfahl Brookes einige Methoden zum Fang mit Köderfischen und beschränkte sich, ganz im britisch-sportlichen Stil, darauf, andere Methoden als jene von *„nicht ganz fairen Anglern*“ zu erwähnen, wozu er freilich auch das von Ehrenkreutz erwähnte Stechen mit dem Speer zählte.[54]

Zur Ehrenrettung deutscher Angler des 19. Jahrhunderts sei jedoch erwähnt, dass es auch Angelmethoden gab, die moderne Spinnfischer aufhorchen lassen, denn bereits gut 50 Jahre vor der Erfindung der klassischen Blinker (*Effzett* und *Heintz*) wurden Spinnköder zum Hechtfang eingesetzt. In Ermanglung funktionstüchtiger Rollen wurden diese künstlichen Köder freilich nicht geworfen und mit der Rute geführt, sondern als Schleppköder eingesetzt. Von Ehrenkreutz beschreibt diese Form des Schleppangelns mit folgenden Worten:

„Am hintern Theile eines Kahnes wird eine mäßig lange Leine festgemacht und an dieser eine Doppelangel [gemeint ist ein Zwillingshaken], *die in einem Stückchen rothen Tuch leicht versteckt ist, befestigt. Man fährt nun*

schnell mit dem Kahne auf einem See, Flusse oder Strome hin und her. Der gierige Hecht schnappt nach dem rothen Lappen, besonders wenn er mit einer Witterung bestrichen ist, und fängt sich fest. So wie das geschehen, zieht man schnell die Leine an und gönnt dem Fische keine Zeit sich umzudrehen, sonst macht er sich wieder fort. Einige machen ein Stück blankes Messing-Blech in Form eines Fischchens ausgeschnitten, an dessen Schwanzende zwei ziemlich starke Haken eingelöthet sind, anstatt des rothen Lappens an die Schnur. Der Fang wird nur bei klarem Wasser vorgenommen.“[55]

Angelgeräte des 19. Jahrhunderts

„Ein schlechter Angeltag ist besser als ein guter Arbeitstag.“
Altes Anglersprichwort.

Zwar standen unsere Vorfahren im 19. Jahrhundert nicht vor der quälenden Frage, ob sie dem Schuppenwild mit einer Teleskop- oder einer Steckrute aus Kohlefasern nachstellen sollten, doch wurde auch damals schon auf die Wahl des richtigen Geräts größter Wert gelegt. In der dritten Auflage seines Buches *Geheim gehaltene Fischkünste* aus dem Jahre 1847 gibt St. M. Henning nicht nur, wie es im langen Untertitel heißt, eine „*Anweisung, auf alle Arten Fische den Köder, die Witterung oder Lockspeise zu machen, um sie in Reusen und Säcken, mit der Angel und dem Zeuggarne und mit den bloßen Händen zu fangen*“, sondern widmet auch der Beschaffenheit von Angelruten ein ganzes Kapitel, wobei, wie der verblüffte moderne Leser bemerkt, es noch lange nicht egal war, aus welchem Holz eine Rute geschnitzt wurde:

„Die Angelruthen, die von jeher für die besten gegolten haben und es in der That auch sind, sind die vom Haselnußstrauche, die gewöhnlich im Herbste oder im Winter, zu welcher Zeit sie am zähesten sind, abgeschnitten werden. Die im Frühjahr geschnittenen sind nicht so zähe, und lässt man sie schnell an der Sonne trocknen, so brechen sie so leicht, dass Weide an ihrer Stelle dieselben Dienste hätte leisten können.

Um die Angelruthen recht gerade zu ziehen, werden sie einige Zeit in Wasser eingeweicht, oben an die Schmitze

[Ende] *ein Henkel von Schnur oder Bindfaden und eben so an das unterste Ende ein Band befestigt, sodann wird sie an dem Henkel aufgehangen, und an das unterste Ende mittelst des Bandes ein Stein befestigt, durch dessen Schwere sie in kurzer Zeit ganz gerade gezogen und auf diese Weise getrocknet wird.* [...] Neben den Haselnußruthen *wendet man noch viele andere, z. B. vom Wasserholder, Dornen, Faulbaum, Vogelbeeren, Weiden u. dgl. Ruthen an; sie sind jedoch in keiner Hinsicht so brauchbar, als die vom Haselnußstrauche. Der Wasserholder, wilde Schneeball und die Vogelbeeren haben einen zu starken Pips und brechen daher sehr leicht.*“[56]

Diese Erläuterungen lassen vermuten, dass Angler im 19. Jahrhundert zugleich geschickte Heimwerker und versierte Botaniker sein mussten. Wer aber über wenig handwerkliches Geschick verfügte und es sich leisten konnte, sein Angelgerät zu kaufen, für den hielt der Fachhandel eine beachtliche Auswahl unterschiedlicher Ruten bereit. Im Katalog der Hamburger Firma Waitz aus dem Jahre 1878 wurde der Preis für eine dreiteilige Haselnussrute mit 80 Pfennigen angegeben. Dies war für damalige Verhältnisse eine beachtliche Summe, wenn man bedenkt, dass Fleisch zumeist nur sonntags auf den Tisch kam und man für ein Kilogramm Ochsenfleisch 1,40 Mark zu entrichten hatte.

Dass Angeln kein Sport für arme Leute war, wird spätestens dann deutlich, wenn man sich die Preise für künstliche Köder im Katalog anschaut. Für einen *Blänker* (Blinker) ohne Wolle mit starkem Doppelhaken wurden 10 Pfennige verlangt, für eine *ordinaire Pose* 5 und für eine *bessere* 10 Pfennige.

Die teuersten Artikel waren Schnüre. Einfaches Garn mit Pose auf Rohr kostete 15 Pfennige, *besseres* 40. Angler, die es auf große Fische abgesehen hatten und dazu *besseres* Pferdehaar oder gar stärkere Seide benötigten, mussten zwischen 60 und 80 Pfennige bezahlen. Leider sind die Längenangaben der Schnüre nicht angegeben, dass es sich aber um relativ kurze Meterwaren handeln musste, zeigt das Kapitel *Schnur* im Buch von Henning. Dort heißt es zur Wahl der passenden Angelschnur:

„*Was die Angelschnuren anbelangt, so sind sie gewöhnlich von Pferdehaaren, die, je nachdem man zu Klitsche,* Kopf, oder Grunde fischt, *6 bis 20 Haare stark sein können. Das Vorzeug, an welchem sich die Haken befinden, hat man bei der Grundfischerei von 8, 10 bis 12 Haaren Stärke, bei der Kopffischerei 4 bis 6, auch 8 Haare; bei der Klitschfischerei 2 recht starke Haare, auch 3 bis 4.* Die Haare werden vermittelst *Haken zusammengedrehet, und die einzeln Stücke durch Kreuzknoten mit einander verbunden. Die Schnuren von Pferdehaaren (es versteht sich, dass es weiße Pferdehaare sein müssen, weil sich* der Fisch vor den *schwarzen Haaren scheut) sind zwar in mancher Hinsicht sehr gut, weil sie nicht so leicht der Fäulniß, wie die seidenen und hanfenen unterworfen sind, allein sie sind so leicht dem Zernagen der Spinnen ausgesetzt und die Knoten ziehen sich bei ihnen, zumal bei den starken Schnuren, sehr leicht aus einander. Die seidenen Schnuren sind daher die besten; sie müssen aber von Seide sein und*

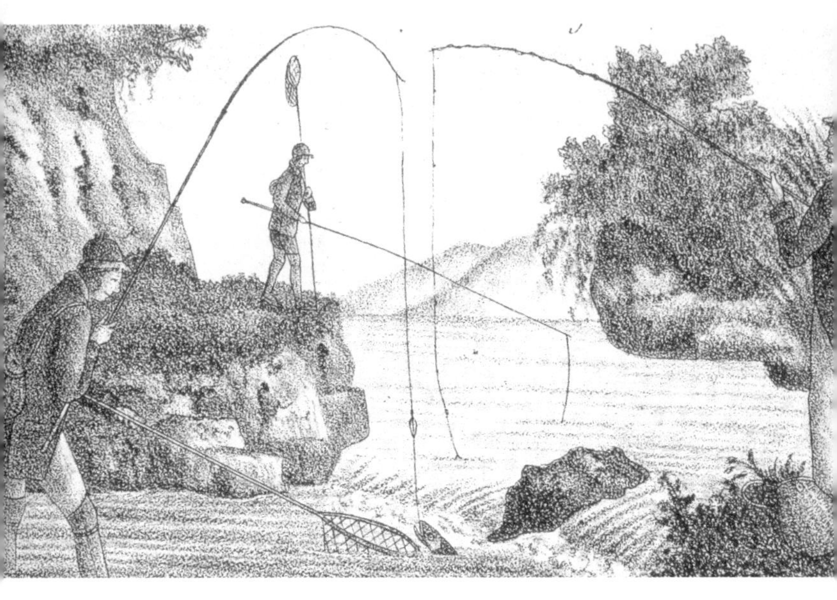

In der ersten Hälfte des 19. Jahrhunderts fischte man zumeist ohne Rolle, ging aber – zumindest auf Bildern – fein gemacht zum Angeln.
(Reproduktion einer gemeinfreien Abbildung.)

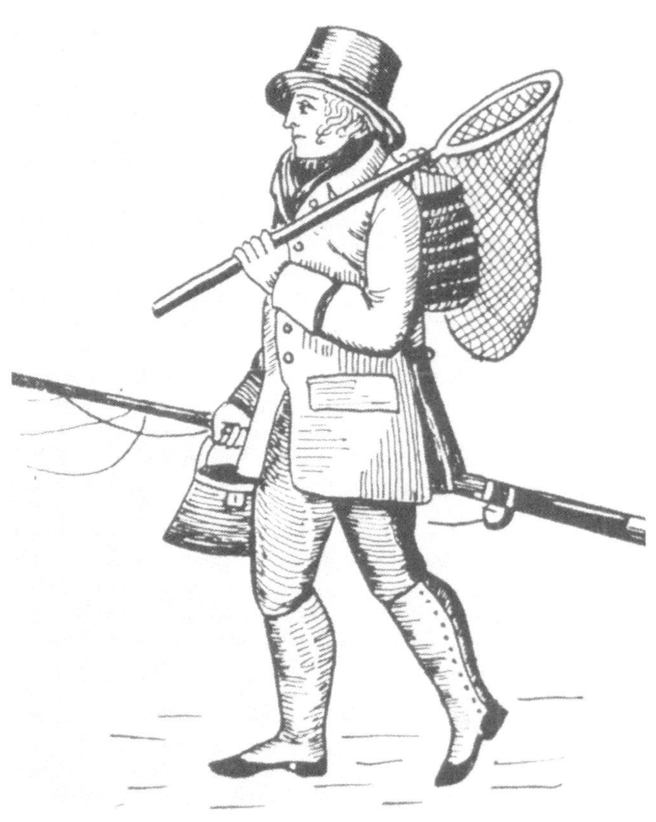

Nur gut betuchte Petrijünger konnten sich neben einer einfachen Haspelrolle mit wenigen Metern Schnur auch ein gefülltes Köfferchen mit Kleinzeug leisten. (Reproduktion einer gemeinfreien Abbildung.)

nicht, wie die jetzt so oft unter diesem Namen verkauften nur von russischem Hanfe.“[57]

Über die Wahl der passenden Schnur schienen die Petrijünger des 19. Jahrhunderts, ähnlich wie moderne Angler, jedoch nicht stets einhelliger Meinung gewesen zu sein, denn über die unterschiedlichen Sorten von Angelschnüren informierte Baron von Ehrenkreutz seine Leser Ende der 1840er-Jahre wie folgt:

„*Man verfertigt solche aus Seide, Pferdehaaren oder Hanf, wozu der italienische sich am vorzüglichsten eignet. Die aus England bezogenen Schnüre sind wieder die vorzüglichsten, weil sie nur sehr mäßige Dicke mit ungemeiner Stärke und Dauer verbinden, sich, wenn sie auch von Hanf sind im Wasser nicht drehen und mehrere Jahre, wenn sie auch täglich gebraucht werden, vorhalten.*“ Und er fuhr für solche Angler, die sich ausländische Schnüre nicht leisten konnten oder wollten, fort: „*Will man die Schnüre sich selbst machen, so wähle man dazu Pferdehaare, weil sie im Wasser sehr lange ausdauern, dagegen aber auch, wenn sie trocken liegen, leicht von Schimmel zernagt werden. Die weißen, noch besser aber die fuchsfarbenen und braunen Haare aus dem Schweife der Hengste oder Wallachen sind allein dazu zu brauchen, weil die von Stuten durch den Urin morsch werden und darum zu schwach sind.*“[58]

Abgerundet wurde das Geschirr (man kam in der Regel noch ohne Rollen aus) vom Angelhaken. Henning betonte:

„*Die Angelhaken* müssen bei dem Angeln auch *von besonderer Güte sein, weil es nicht allein auf den Köder, Fischer, Schnur und Stab ankommt, sondern der Haken den Hauptstreich auf den Fisch ausführen muss. Die Angelhaken müssen sogenannte ‚Englische' sein; die unter dem Namen ‚Deutsche' bekannten rosten leichter, weil sie keine Politur haben.*"[59]

Anders als Henning konnte Ehrenkreutz den Haken nicht viel Erwähnenswertes abgewinnen, erläuterte seinen Lesern aber dafür umso genauer, wie die englischen hergestellt wurden und warum die deutschen wenig taugten:

„*Der Angelhaken bedarf wohl keiner besondern Beschreibung; nur daß es von diesen sehr verschiedene Arten gibt,* [...] *sowie daß die englischen den Vorzug vor allen andern, zumal den deutschen, haben. Unter den englischen haben wieder die Limmeriker den Vorzug; sie werden aus Gußstahl gemacht und mittelst der Feile ausgefeilt. Die andern englischen werden mit dem Messer ausgeschnitten und nicht aus einem Stücke Stahl gefeilt. Um dem Haken die gehörige Härte zu geben, werden sie auf eine Eisenplatte gelegt und so lange erhitzt, bis ein Tropfen Talg, den man aus diese Platte fallen läßt, zu rauchen oder zu zischen anfängt. Was dann die gehörige Härte des Stahls, nach seiner verschiedenen Güte nämlich, anzeigt.* [....] *Die deutschen sind zu dick, zu ungeschickt gebogen, rosten sehr leicht, haben stumpfe Spitzen und Widerhaken und sind entweder zu hart, daß sie wie Glas brechen, oder zu weich, wodurch sie selbst durch den Widerstand eines nur mäßigen Fisches schon sich gerade biegen und der Fisch von der Angel geht.*"[60]

Auf die Haken kamen fantasievolle und für heutige Begriffe geradezu exotische Köder. Henning empfahl für jede Fischart individuelle und zum Teil auch jahreszeitlich bedingte Köder, die dem Angler mitunter eine Menge vorbereitender Hausarbeit abverlangten. Einer seine Karpfenköder sollte nach folgendem Rezept hergestellt werden:

„*Man nehme Pfeffer-, Honig- oder Lebkuchen, schneide ihn in kleine Würfel, und lege ihn in Brandtwein, worin zuvor etwas Honig und Kampfer aufgelöst ist, und ködere jedesmal ein solches Stückchen Kuchen an den Haken.*"[61]

Und auch sein Spezialköder für Forellen mutet seltsam an und erinnert ein wenig an die Herstellung von Boilies:

„*Man nehme Kügelchen aus Mehl, Reiherfett, Kampfer, faulem Weidenholz und Honig. Das Holz wird kleingerieben, unter das Mehl gemengt und der Honig mit dem Kampfer und Reiherfett darunter gemischt, alles tüchtig untereinander geknetet, und dann Kügelchen wie Erbsen daraus gemacht; werden sie frisch verbraucht, so brauchen sie mit keinem Löchelchen versehen zu sein, werden sie aber gedörrt, so müssen sie ein solches haben.*"[62]

Deutschlands erster Angelprofi – Max von dem Borne

„Angeln ist die einzige Philosophie, von der man satt wird.“

Peter Bramm, Deutscher Schriftsteller (1897–1975).

Max Paul Gustav Kreuzwendedich von dem Borne (1826–1894) zählt zu den bekanntesten Ichthyologen und Fischereifachleuten des 19. Jahrhunderts. Dabei war der studierte Bergbauingenieur ein Spätberufener, der sich erst nach dem Beginn einer hoffnungsvollen Karriere im preußischen Bergbauwesen seiner späteren Passion zuwandte und das geerbte väterliche Gut in der brandenburgischen Neumark zu einer Teichwirtschaft mit angeschlossener fischwirtschaftlicher Forschungsanstalt umwandelte. Von dem Borne nutzte die für seine Zwecke wunderbaren Gegebenheiten des Rittergutes, zu dem zahlreiche Seen und Teiche sowie zehn Kilometer des Flüsschens Mietzel zählten, um hier nicht nur Zier-, Teich- und Aquariumsfische zu züchten, sondern sich auch mit den Möglichkeiten der Ansiedlung nordamerikanischer Fischarten (besonders Regenbogenforellen und Schwarzbarsche) zu beschäftigen. Neben seiner historischen Bedeutung als Fischexperte und Vater der Regenbogenforelle in Europa[63] ist Max von dem Borne auch als einer der erfolgreichsten und fleißigsten Angelbuchautoren in die Geschichte der Sportfischerei eingegangen. Als Verfasser von einem guten Dutzend Büchern zum Thema, von denen einige noch heute als Klassiker gelten, gelesen und immer wieder aufgelegt werden, war er nicht nur der einzige deutschsprachige Angelbuchautor, der mehr als einen Angel- oder Fischwirtschaftstitel verfasste, sondern auch der erste, dessen Werke in andere europäische Sprachen übersetzt wurden. Anders als bei seinen fisch- und teichwirtschaftlichen Experimenten konnte er als Angelbuchautor jedoch mit nur wenigen technischen Innovationen aufwarten, wohl aber ist es sein Verdienst, aus einer Vielzahl von englischsprachigen Büchern und Zeitschriftenartikeln eine damals für deutsche Angler neue und erkenntnisreiche Zusammenfassung erstellt zu haben, die in seinem knapp 400 Seiten starken Hauptwerk *Illustrierte Angelfischerei* (Erstauflage 1875) einen glanzvollen Höhepunkt fand.

Dass der Angelsport in Deutschland, anders als in England und den USA, in den Kinderschuhen steckte, zählte für den begeisterten Fliegenfischer und Fischfreund Max von dem Borne zu den größten Ärgernissen. Und so sind seine Schriften, ganz im Geiste seiner Zeit, in der Turnvereine und Schrebergärten zur Gesunderhaltung der Menschen propagiert und gefördert wurden, auch ein Beitrag zur Volkspädagogik, die Ende des 19. Jahrhunderts nicht ohne den berüchtigten wilhelminischen Patriotismus auskommen konnte. Im Vorwort seines Buches *Die Angelfischerei*, einer preislich günstigeren und ausgedünnten Fassung der *Illustrierten Angelfischerei*, betonte er deshalb:

„Dem Sport der Angelfischerei wird in Deutschland nicht die Aufmerksamkeit geschenkt, welche er als ein Mittel zur Erfrischung des Geistes und Körpers verdient; er führt uns hinaus in die freie Natur, zu Flüssen und Seen, in Wälder und Wiesen des Gebirges und des Flachlandes, und an das Meer.“[64]

Es waren für ihn jedoch nicht allein diese erfrischenden und erquicklichen Gesichtspunkte des Angelns, sondern er hatte auch die ganz handfesten wirtschaftlichen Aspekte des Sports erkannt. Gleichzeitig war er aber auch der Auffassung, dass dieser Betätigung nur gebildete und somit finanzstarke sowie politisch einflussreiche Stände offen gegenüberstehen konnten, denn er fuhr fort:

Für die Fischerei hat der Angelsport den Nutzen, daß er Kenntnis und Liebe zur Sache in den bebildeten und einflußreichen Kreisen verbreitet, und diese anregt, die Fischerei zu pflegen und zu fördern."[65]

Von dem Borne ging diesbezüglich mit gutem Beispiel voran und gründete einige regionale und überregionale Angelsportvereine, wie beispielsweise den 1878 aus der Taufe gehobenen *Fischereiverein für die Mark Brandenburg.* Anders als viele vaterländisch orientierte Vereine jener Zeit orientierte er sich an den Vorbildern englischer *Fishing Clubs*, was jedoch weniger in einer ganz und gar nicht vorhandenen liberalen Gesinnung wurzelte, sondern eher darauf zurückzuführen war, dass er Mitglied im ehrenwerten *Fly Fishers Club of London* war und, dies unterschied ihn von allen anderen Mitgliedern seiner zahlreichen deutschen Angelvereine, seine Fliegenruten vom renommierten New Yorker Hersteller *Clark* bezog. Wie viel Geld er sich die Fischerei zu seinem Privatvergnügen kosten ließ, erläuterte er – ob bewusst oder unbewusst, bleibt dabei offen – seinen Leser an ganz anderer Stelle, nämlich mit dem Hinweis darauf, dass ein

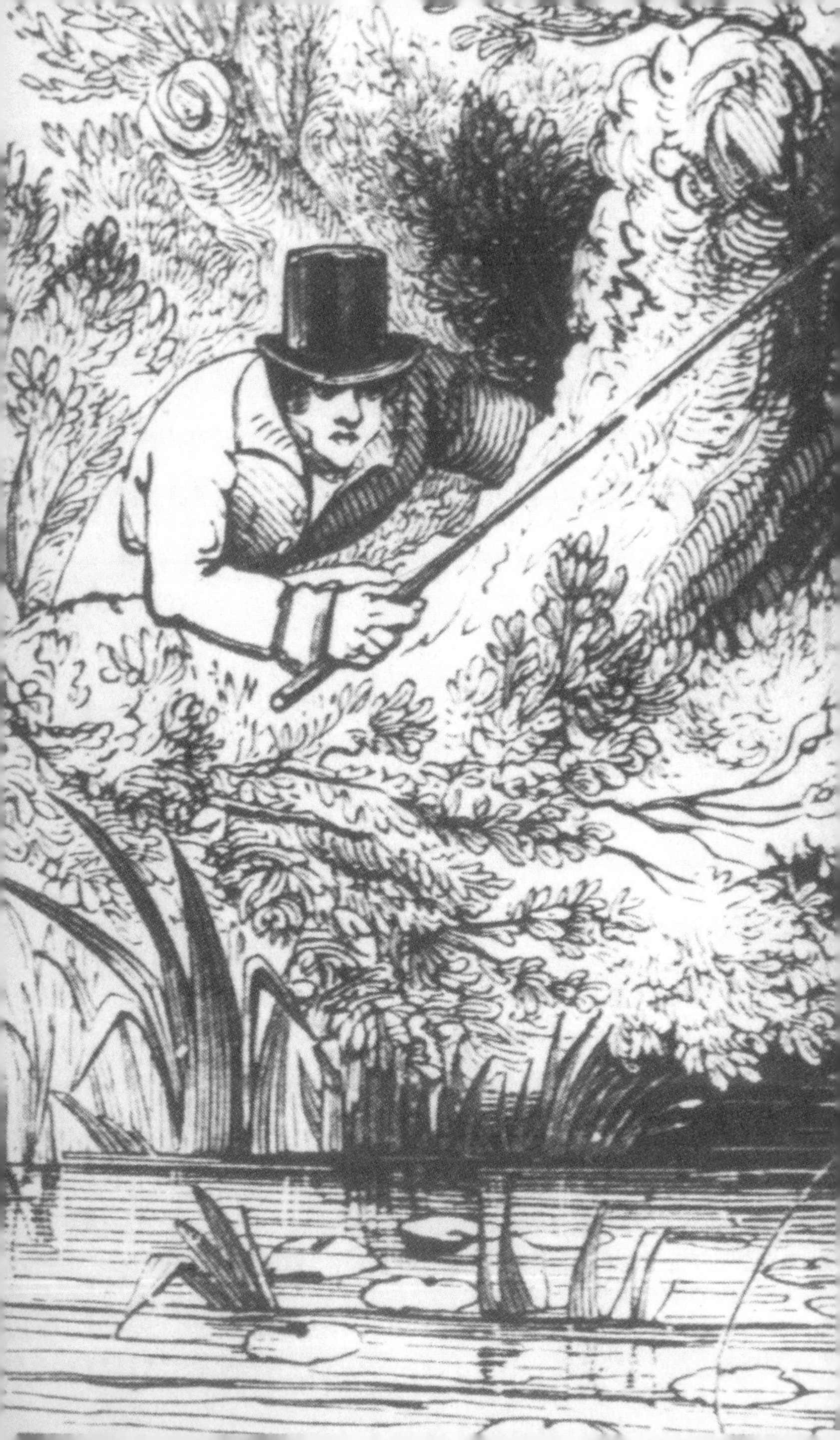

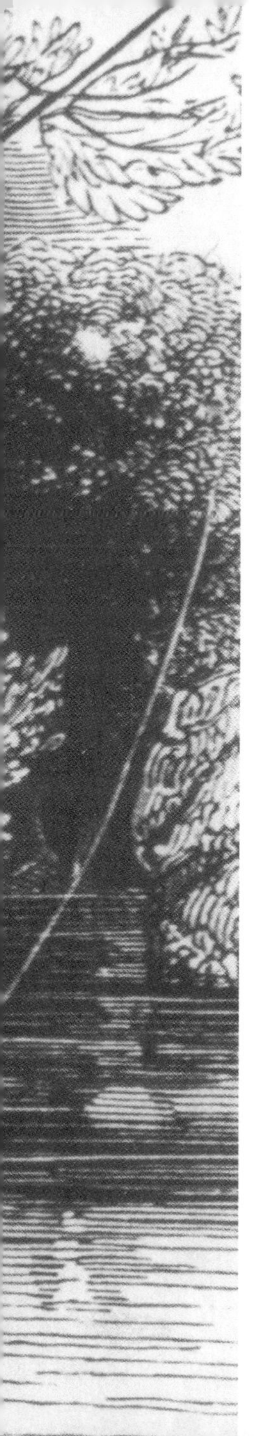

Die reich illustrierten Bücher von dem Bornes gaben auch anschauliche Beispiele, wie hier das Anpirschen an Döbel
(aus Borne Taschenbuch der Angelfischerei).

gepflegter Fischbestand eine ökonomisch gute Quelle für die Beständer eines Reviers sei:

„*Wenn sich das Interesse für den Sport der Fischerei weiter verbreitet, so entsteht für die Besitzer der Gewässer dadurch eine Einnahme-Quelle, dass Mancher gern eine hohe Summe für das Vergnügen zu angeln zahlt. So kostet die Erlaubnis, im Flusse Dee in Schottland mit einer Ruthe von Februar bis Mai zu angeln, 180 Pfd. Ster. oder 3780 Mark; im Thurso zahlt man für eine Ruthe pro Monat 20 Pfd. Ster. Oder 420 Mark; in weniger beliebten Flüssen wird 42 Mark pro Saison, 10 Mark pro Woche, 5 Mark pro Tag bezahlt.*“[66]

Als Vertreter der höheren Stände war von dem Borne sich seiner gesellschaftlichen Stellung bewusst und machte sowohl in seinen Werken als auch in seiner privaten Freizeitgestaltung keinen Hehl aus seinen Privilegien. Seine Passion war das Fliegenfischen in exklusiven Revieren, und so führten ihn seine Reisen nicht nur an die Lachs- und Forellengewässer Englands und Schottlands, wo er die Bekanntschaft mit berühmten Zeitgenossen wie den Hardy-Brüdern schloss, die mit ihrem Angelgerät königlich britische Hoflieferanten waren, sondern auch in die alpinen Reviere Österreichs und der Schweiz; anglerische Erfahrungen, die Ende des 19. Jahrhunderts für den durchschnittlichen Würmchenbader außerhalb seines Vorstellungsbereiches gelegen haben dürften.

Unvergessen ist sein Schaffen heute aber aufgrund der praktischen Tipps und Kniffe, die er Generationen von Anglern in seinen zahlreichen Werken an die Hand gab und bei deren Ursprüngen es letztendlich egal ist, ob er sie aus englischsprachigen Werken entnommen oder selbst entwickelt und erprobt hatte, denn sämtliche Ratschläge funktionieren nach wie vor, wie beispielsweise sein hochsommerlicher Tipp zum Fang von Döbeln:

„*An heißen Tagen liegen die Döbel oft unter den Blättern der Wasserrosen* [...] *Man schleicht heran, wirft das Heupferdchen* [Grashüpfer] *auf das Blatt, unter dem ein Fisch liegt, zieht es bis zum Rande des Blattes und ins Wasser. Wenn dies gut gemacht wird, so ist der Fisch sicher gefangen.*“[67]

Eine der vielen Ehrungen, die Max von dem Borne zuteil wurden, war die Aufnahme einer von ihm entwickelten Nassfliege zum Fang von Schwarzbarschen im 1892 erstmals erschienen Klassiker *Favorite Flies and Their Histories* aus der Feder Mary Orvis Marburys. Dass die Autorin und Tochter des berühmten amerikanischen Angelgeräteherstellers Charles F. Orvis das Muster unter dem Namen *Count Max von dem Borne of Germany* als einzige deutsche Fliege in ihrem umfassenden Werk vorstellte, hat nicht allein mit der engen Brieffreundschaft ihres Vaters mit dem Fliegenbinder und Schwarzbarschenthusiasten zu tun, sondern wurzelte auch in der Fängigkeit der *Count Max*, die bis heute aus den Dosen US-amerikanischer Fliegenfischer nicht wegzudenken ist und ihre ersten Schwarzbarsche im märkischen Flüsschen Mietzel überlistete, wo von dem Borne sie in den späten 1880er-Jahren für einen kurzen Zeitraum ansiedeln konnte.[68]

Eine Klasse für sich – Die Anfänge des Fliegenfischens in Deutschland und Österreich

„*Wenn das Angeln eine Religion ist, dann ist das Fliegenfischen seine Hochkirche.*“[69]

Tom Brokaw, zeitgenössischer US-amerikanischer Journalist.

Das Fliegenfischen war seit jeher eine Form der Fischwaid, deren Anhänger sich bewusst von „herkömmlichen“ Anglern, die sie nicht selten als Würmchenbader oder Kochtopffischer bezeichneten, unterscheiden wollten. Seinen Ursprung nahm diese von ihren Anhängern als eleganteste Form der Angelei klassifizierte Methode in England, wo es seit dem späten Mittelalter, wohl als Weiterentwicklung des höfischen Angelns mit dem Federhaken, stets eine Beschäftigung des Adels und später des finanzstarken Bürgertums war. Wann die ersten funktionstüchtigen Ruten, Schnüre und Rollen für das Fliegenfischen zum Einsatz kamen, kann nicht genau ermittelt werden.[70] Ein Blick in die Angelliteratur lässt jedoch den Schluss zu, dass in der ersten Hälfte des 19. Jahrhunderts auf den britischen Inseln Angelgerät eingesetzt wurde, dass dem klassischen *Rute-Rolle-Schnur-Vorfach-Fliegen-Muster*, wie es heute noch benutzt wird, sehr nahe kam.

Werden seit einigen Jahrzehnten zahlreiche Raub- und Friedfischarten gezielt mit künstlichen Fliegen beangelt, so war das Fliegenfischen bis in die 50er- und 60er-Jahre des 20. Jahrhunderts eine Angelmethode, mit der ausschließlich auf Salmoniden (Lachse, Forellen, Saiblinge, Äschen sowie in alpinen Revieren mitunter auch Huchen) gefischt wurde. Den wohlhabenden Fliegenfischern ging es bei ihrer Passion in erster Linie darum, den Fischen waidgerecht nachzustellen, nicht mehr Exemplare, als für ein Mittag- oder Abendessen nötig waren, zu entnehmen und nach Möglichkeit das Zurücksetzen zu vieler, zu kleiner, aber auch zu großer Beute zu propagieren. Es versteht sich daher fast von selbst, dass diese „ritterliche" Einstellung zum Fang von Salmoniden, die seit dem Aufkommen des Fliegenfischens von seinen Anhängern als Edelfische bezeichnet wurden, in strengem Gegensatz zum Kochtopfangeln stand. Fliegenfischer gingen von Beginn an auf scharfe Distanz zum als proletarisch diffamierten Angeln mit natürlichen Ködern. Man sah auf die Karpfen, Weißfischen und Hechten nachstellenden Angler herab und schloss es kategorisch aus, solche Petrijünger in die exklusiven Clubs aufzunehmen oder sie nur an den von Fliegenfischern gepachteten oder in deren Besitz befindlichen Gewässern fischen zu lassen. Wie groß der Standesdünkel gegenüber kleinbürgerlichen Anglern, die oft zur Bereicherung ihres bescheidenen Speiseplans zur Rute (ohne teure Rolle) griffen, war, belegen die 1873 niedergeschriebenen Worte im Werk *Gründlicher Führer in der Angelkunst* des Österreichers Leopold Zeiler (Lebensdaten unbekannt), der für sich und seine angelnden Standesgenossen beklagte:

„Wir armen Angelfreunde sind in Wirklichkeit nur gehetzte Abenteurer, die berufen scheinen, sich mit den Brosamen zu begnügen, die uns unberufene Frevler und

der Vandalismus zukommen lassen. Wir leben in einem Zeitalter, welches unserer Liebhaberei abhold ist, im Gegensatze zu unseren Nachbarstaaten, die mit weisen und strenge gehandhabten Fischereigesetzen gesegnet ſind. Es sind daher unsere Fischwässer, mit wenigen Ausnahmen, fischarm. Die mißverstandenene Freiheit aller Staatsbürger, der Eigennutz, die wilde Lust zur Freibeuterei, rohe Zerstörungssucht und dergleichen unsaubere Dinge haben die Oberhand; wohin wir uns zu retten suchen, überall finden wir die Spuren der Anarchie und Gesetzlosigkeit. Wir sehen sogar regelmäßig den Berufsfischer in der blühendsten Laichzeit das eng maschige Netz ziehen und unbarmherzig den laichenden Edelfisch mit der Harpune aus dem Bruche stechen, und sehen zu allen Jahreszeiten den Proletarier die Dynamit Patrone im tiefen Grunde entladen und seine gemeuchelten Trophäen aufsammeln.“[71]

Zeiler beschwerte sich auf recht hohem Niveau, denn die von ihm befischten Reviere, allesamt Nebenflüsse der Donau mit teilweise vorzüglichem Bestand an kapitalen Bachforellen, Äschen und Huchen, blieben den von ihm so bezeichneten und mit staatsbürgerlichen Freiheiten ausgestatteten Proletariern ohnehin verschlossen, denn diese verfügten erstens nicht über das Angelgerät zur Befischung solcher Gewässer und hätten sich zweitens weder eine der teuren Angelkarten dort leisten können, noch hätten die Beständer ihnen eine solche ausgestellt.

Die von Zeiler als altmodisch und naturzerstörerisch bezeichneten Arten der Fischerei waren zu seiner Zeit die gängigen und – will man einmal von seinen zweifel-

(Grandeur naturelle) **MOUCHES ARTIFICIELLES** *(Grandeur nature*

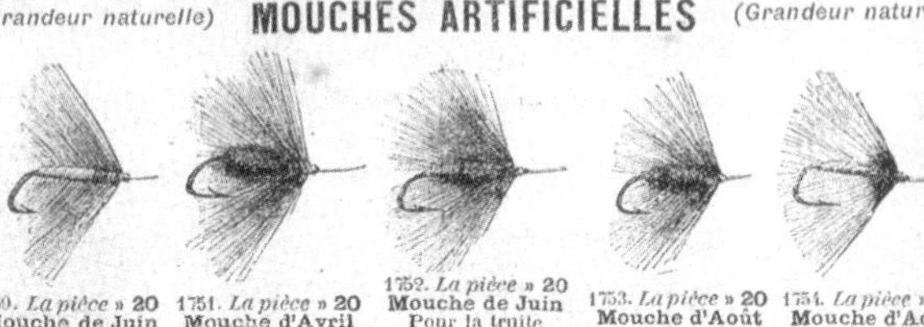

1750. *La pièce* » **20** **Mouche de Juin** Pour la truite

1751. *La pièce* » **20** **Mouche d'Avril** Pour la truite

1752. *La pièce* » **20** **Mouche de Juin** Pour la truite

1753. *La pièce* » **20** **Mouche d'Août** Pour la truite

1754. *La pièce* » **Mouche d'Ao** Pour la truit

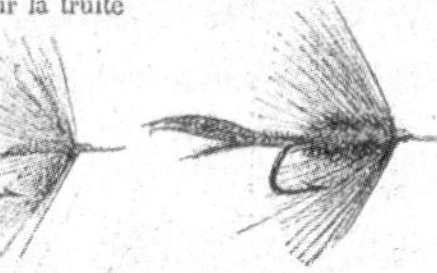

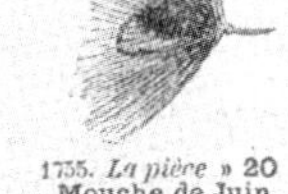

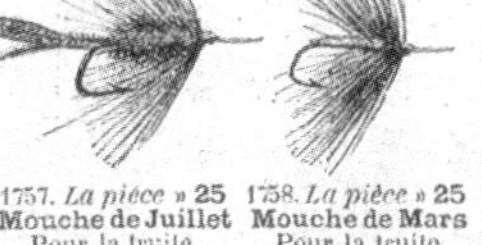

1755. *La pièce* » **20** **Mouche de Juin** Pour la truite

1756. *La pièce* » **20** **Mouche de Mai** Pour la truite

1757. *La pièce* » **25** **Mouche de Juillet** Pour la truite

1758. *La pièce* » **25** **Mouche de Mars** Pour la truite

1759. *La pièce* » **Mouche de M** Pour la trui

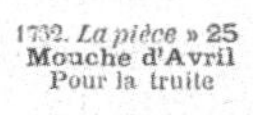

1760. *La pièce* » **20** **Mouche de Mars** Pour la truite

1761. *La pièce* » **25** **Mouche de Septemb.** Pour la truite

1762. *La pièce* » **25** **Mouche d'Avril** Pour la truite

1763. *La pièce* » **25** **Mouche de Septemb.** Pour la truite

1764. *La pièce* » **Mouche de Jui** Pour la truit

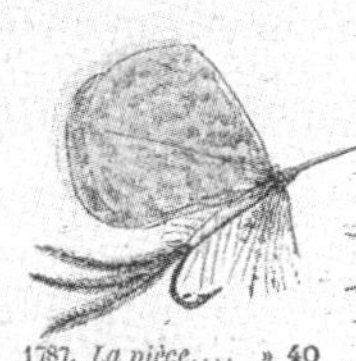

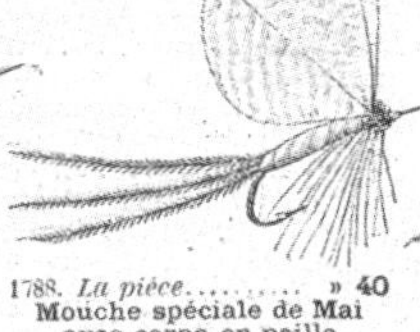

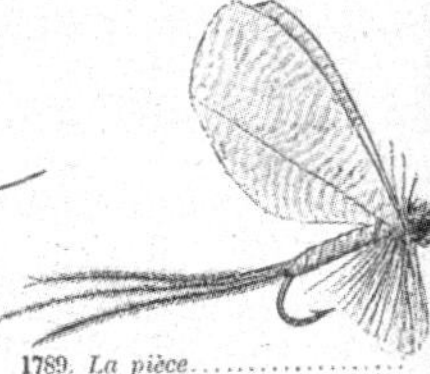

1787. *La pièce....* » **40** **Mouche spéciale de Mai avec corps en paille** Pour la truite

1788. *La pièce.........* » **40** **Mouche spéciale de Mai avec corps en paille** Pour la truite

1789. *La pièce.................* **Mouche spéciale de Mai av corps en paille.** Pour la truite

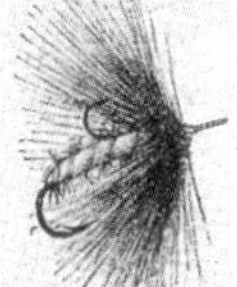

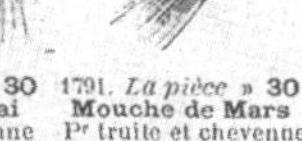

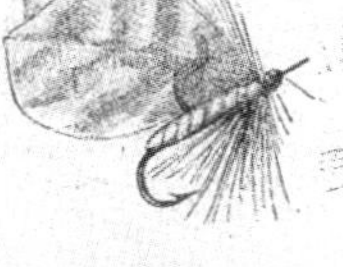

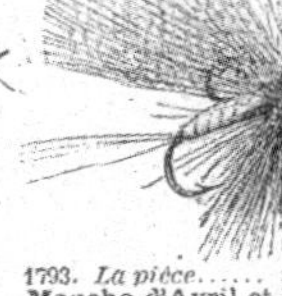

1790. *La pièce* » **30** **Mouche de Mai** P^r truite et chevenne

1791. *La pièce* » **30** **Mouche de Mars** P^r truite et chevenne

1792. *La pièce....* » **35** **Mouche de Juin** P^r truite et chevenne

1793. *La pièce......* » **3** **Mouche d'Avril et Ma** P^r truite et chevenne

NOTA. — Toutes nos mouches sont montées sur des hameçons et crins de Florence qualité extra. Prises par douzaine, nous faisons une remise de 10 0/0; par grosse, 20 0 Pour toute commande inférieure à 12 mouches, joindre en plus 0 fr. 10 c. pour les fr d'expédition dans une boîte.

E (56 pages, 450 gravures), qui est envoyé **GRATIS et FRANCO**
inistrateur de la PÊCHE FRANÇAISE, à Saint-Étienne (Loire)

ndeur naturelle) **MOUCHES ARTIFICIELLES** *(Grandeur naturelle)*

pièce... » 20
Alexandra
r la truite

1795. *La pièce*.................. 3 »
Mouche spéciale à hélices
(Montée sur triple crin de Florence)
Pour le saumon (*Recommandée*)

1796. *La pièce*... » 20
Mouche d'Avril
P[r] la truite et le brochet

a pièce......... » 35
Mouche de Mai
la truite et le brochet

1798. *La pièce*......... » 35
Mouche de Juin
Pour la truite et le brochet

1799. *La pièce*.......... » 35
Mouche de Mai
Pour la truite et le brochet

pièce » 55
e verte
la truite

1810. *La pièce* » 55
Guêpe
Pour le chevenne

1811. *La pièce* » 55
Chenille
Pour le chevenne

1812. *La pièce* » 45
Mouche de viande
Pour la truite

1813. *La pièce* » 55
Scarabée d'eau
Pour le barbillon

a pièce » 55
Bourdon
r le saumon

1815. *La p[ce]* » 55
Coccinelle
Pour la truite

1816. *La p[ce]* » 55
Cochabond
Pour la truite

1817. *La p[ce]* » 45
Mouche de maison
Pour le gardon

1818. *La p[ce]* » 45
Mouche de foug[re]
Pour la truite

1819. *La p[ce]* » 55
Scarabée
Pour le barbillon

.— Tous les insectes ci-dessus pris par douzaine, remise 10 0/0 ; par grosse, 20 0/0.
r toute commande inférieure à 12 insectes, joindre en plus 0 fr. 10 c. pour les frais
pédition dans une boite.

ATALOGUE

Ende des 19. Jahrhunderts war die Auswahl an Fliegenmustern bereits recht ansehnlich, wie eine Seite aus einem französischen Angelbuch zeigt. (Reproduktion: Sammlung Bötefür) los übertriebenen Schilderungen der Dynamitfischerei absehen – seit Jahrhunderten praktizierten Methoden. Seine, als die des Adels und gehobenen Bürgertums standesgemäßen, Formen der Angelfischerei, zu denen neben dem Fliegenfischen auch das Spinnfischen zählte, waren sehr junge Hobbys und erst in den 1840er-Jahren aus England zunächst nach Deutschland und wenig später auch nach Österreich und in die Schweiz gelangt.

Obgleich es vorstellbar ist, dass wohlhabende Kontinentaleuropäer mit dem Fliegenfischen auf den britischen Inseln in Berührung kamen und ihre neue Passion auch an heimischen Bächen und Flüssen praktizierten, so gilt doch der Brite John Horrocks (1816–1881) heute als Begründer des Fliegenfischens in Deutschland. Der im schottischen Edinburgh geborene Sohn aus wohlhabendem Hause siedelte in den 1840er-Jahren aus seiner Heimat nach Thüringen, wo er sich recht bald in allerhöchsten Kreisen einen Namen als Sportfischer machte und die vornehmen Sitten des Fliegenfischens als *Lehrmeister* vertrat.[72] Seine ersten Erlebnisse mit der Fliegenrute an den Fließgewässern Thüringens schilderte er wie folgt, wobei auffällig ist, dass Horrocks als Flugangler auf scharfe Trennung zu ungebildeten Fischern bedacht war:

„Die Kenntniß der Fliegenfischerei in Deutschland stammt, in Vergleich zu anderen Ländern, aus der neueren Zeit. Als ich im Jahre 1835 zum ersten Mal Deutschland besuchte, wußte man nichts davon; nicht nur Fischer und Bauern, selbst gebildete Leute sahen die Erscheinung eines Engländers, der den Fluß mit einer langen Leine peitschte,

mit unverhehltem Staunen an, und selbst ein Erfolg überzeugte sie nicht, daß sie es nicht mit einem Ueberspannten zu thun hätten. Niemand wollte glauben, daß das Ganze einzig auf Nachahmung der Natur und eigener Geschicklichkeit beruhte, sie waren alle der Meinung, daß wenn man einen Fisch fing, es entweder durch Zufall oder durch Anwendung einer mysteriösen Salbe als Lockspeise, die sie ‚Witterung' [gemeint ist hier eine Art Futter oder Lockstoff] *nannten, gelungen sei. Sehr oft bin ich nach meiner besonderen ‚Witterung' gefragt worden, und wenn ich erklärte, daß ich von derlei nichts wisse, schüttelte der Fragende zweifelnd den Kopf und verschwand.*"[73]

Sein noch heute bei vielen deutschen, und vor allem ostdeutschen, Fliegenfischern als „*Bibel*" verehrtes Buch *Die Kunst der Fliegenfischerei auf Forellen und Aschen in Deutschland und Oesterreich* hat es außerhalb Deutschlands zu keinem großen Ruhm gebracht, denn für seine Landsleute hatte Horrocks nichts Neues zu berichten. Was seine Ausführungen jedoch kultur- bzw. sporthistorisch interessant macht, sind die konsequenten zweisprachigen Bezeichnungen der Angelgeräte, die, obgleich deutschen Sportfischern bereits bekannt, von ihm stets in deutscher und englischer Sprache benannt wurden. So finden sich im Buch bizarr anmutende Kapitelüberschriften, die mitunter durch redundante sowie stellenweise falsch ins Deutsche übersetzte Fußnoten ergänzt wurden:

> „*Die Wurfschnur (Casting Line)**
> **Auch ‚Vorfach' genannt.*"[74]

Diese englischen Fachbegriffe, die Mitte des 19. Jahrhunderts auch von vielen gebildeten Lesern nicht richtig ausgesprochen werden konnten, beschränkten sich jedoch nicht allein auf Horrocks und seine fluganglerische Missionsarbeit in Deutschland, sondern waren – sehr zum Ärger vieler vaterländisch gesonnener Deutscher – auch im damals sehr jungen Fußballsport gang und gäbe.

Vielen modernen Fliegenfischern gilt John Horrocks als einer der Väter des angewandten Naturschutzes, denn es wird ihm von vielen Anglern nicht nur zugutegehalten, dass er die Kunst des Fliegenfischens in Deutschland begründete und diese Art der Fischerei in deutscher Sprache beschrieb, sondern auch, dass er Forellen und Äschen zu Edelfischen erhob und sich für ihren Erhalt und für die Erhaltung ihrer Lebensräume einsetzte. Als moderner Leser seines Buches ist es jedoch unmöglich, die dünkelhafte Sprache zu übersehen, mit der er sowohl Menschen als auch Fische klassifizierte und in edle sowie unedle Gattungen unterteilte. Im Vorwort heißt es:

„Beglückt würde ich sein, könnte ich dazu beitragen, daß wenigstens in den deutschen Flüssen, welche die Salmoniden bewohnen, diese edlen Fische nur mit der Fliegengerte gefangen würden. Ich weiß sehr wohl, daß es nicht möglich ist, Grund- und Netzfischerei in allen Gewässern zu verbieten, ja daß sie für manche Fische niederer Gattung geradezu unentbehrlich sind; allein mein Bestreben, und ein Zweck dieses Buches soll es sein, dahin zu wirken, daß sie wenigstens in den Flüssen und Bächen, in denen der Salm, die Forelle und die Asche wohnen, auf ein Minimum reducirt, wenn nicht ganz verbannt werden mögen.“[75]

Horrocks bis in unsere Tagen in Deutschland beliebtes Buch verdankt seinen Ruhm allein der Tatsache, dass es in deutscher Sprache verfasst wurde. Bereits in der ersten Hälfte des 19. Jahrhunderts hatten seine Landsleute weitaus bessere Werke für Fliegenfischer in englischer Sprache verfasst. In diesen Büchern ging es nicht allein um Ruten, Rollen, Schnüre, Vorfächer und Bindeanleitungen für diverse Nass- und Trockenfliegen, sondern sie beschäftigten sich auch fundiert mit fischwissenschaftlichen und vor allem insektenkundlichen Fragen, wie z. B. das 1846 in erster Auflage erschienene Standardwerk *The Vade Mecum of Fly-Fishing for Trout* (Das Handbüchlein fürs Fliegenfischen auf Forellen) aus der Feder von Geroge Pulman (1819–1880). Pulman, über dessen Lebensgeschichte so gut wie nichts bekannt ist, war der Erste, der detaillierte Bindeanleitungen für Trockenfliegen lieferte und das Angeln mit diesen damals modernen Fliegen beschrieb, während William C. Stewart (Lebensdaten unbekannt), ein anderer berühmter Engländer, in seinem Buch *The Practical Angler; Or The Art of Trout-Fishing* (Der praktische Angler; oder die Kunst des Forellenangelns) aus dem Jahre 1857 das bis dahin für unpraktizierbar gehaltene Fliegenfischen in stromaufwärtiger Richtung beschrieb.

Trotz seiner überschaubaren Innovationen ist es Horrocks zu verdanken, dass das Fliegenfischen in Deutschland rasch Fuß fasste. Sein strikt englischer Stil stieß jedoch nicht bei allen Größen in der damaligen Angelszene auf Gegenliebe, denn selbst dem elitären Fliegenfischer Leopold Zeiler ging die Anglophilie vieler seiner Zeitgenossen gehörig gegen den Strich, wie er anhand der aus seiner Sicht inflationären Verwendung von Seidenvorfächern erläuterte:

„Angelfreunde, die mit den englischen Manieren vertraut sind, oder richtiger gesagt, welche an der Anglomanie kränkeln, reiten das Steckenpferd, daß die von den Engländern zum Forellentippen angewendete Schnur aus Seide und Pferdehaar, welche sich gegen die Schlinge zu verjüngt und an der Rolle läuft, den Vorzug verdienen; dagegen wende ich ganz einfach ein, daß eine solche Schnur in ihren Laufringen schwerfällig läuft, weil die unzähligen Haar-Ende, die an der Schnur nach Außen streben, diese rauh machen und die Schnur an dem glatten Ablaufe hindern."[76]

Trotzdem konnte auch Zeiler kein Material zu gut für den Fang der von ihm so geliebten Edelfische sein, womit er sich als standesbewusster Fliegenfischer zu erkennen gab, der den kostspieligen, zumeist aus England stammenden und damals modernen Materialen gegenüber doch sehr aufgeschlossen war:

„Bei dieser [gemeint ist hier die Fliegenschnur] *Wahl kömmt ihm* [dem Fliegenfischer] *der Fortschritt in der Erzeugung der verschiedenen Angelrequisiten sehr gut zustatten. Heutzutage wird man z. B. bei keinem Angler mehr eine gedrehte Schnur in Anwendung finden, weil dieselbe im nassem Zustande zusammenläuft und sich verwickelt und oft dem Angler sehr lästig wird. Man findet daher gegenwärtig die erfreulichste Auswahl geflochtener englischer Seidenschnüre in jeder Stärke. Wird eine solche Schnur mit Leinölfirniß gesättigt und gut und langsam*

getrocknet, so ist es wahrhaft überraschend, was sie an einer kunstgerechten und meisterhaft geführten Ruthe leistet. Darüber können die englischen Lachs-Fliegenfischer Zeugniß ablegen.“[77]

Und auch bei der Wahl der passenden Vorfächer mussten Fliegenfischer tief in die Tasche greifen, denn für die wehrhaften Forellen war nur das beste Material gut genug:

„*Zum Vorfach dient am besten ein starker, runder Seidendarm, oder zwei bis drei feinere Seidendärme gut zusammengedreht.*“[78]

Autoren wie Horrocks und Zeiler sorgten dafür, dass sich das Fliegenfischen den meisten Anglern bis in die 60er-Jahre des 20. Jahrhunderts verschloss. Dass sich am von ihnen mit initiierten Standesdünkel lange nichts ändern sollte, belegt der Erfolg des 1954 erstmals erschienenen Buches *Erlebtes Fliegenfischen* von Charles Ritz (1891–1971). Der Pariser Luxushotelier schilderte in seinem noch heute zu den Klassikern der Angelliteratur zählenden Buch eine Reihe von Geschichten, die er mit den Reichen und Berühmten seiner Zeit an den exklusivsten Revieren der Welt erlebte. Das Werk, mit einem Vorwort von Ernest Hemingway versehen und von seinem deutschen Verlag als *Bibel für Fliegenfischer* gelobt, ist jedoch, abgesehen von ein paar kostspieligen Geräteempfehlungen, wohl zu keinem anderen Zweck zu Papier gebracht worden, als den meisten Lesern Erlebnisse aus einer für sie unerreichbaren Angelwelt zu erzählen.

Cornelia *Fly Rod* Crosby – Ein Leben für das Fliegenfischen

„*Der Wurm ist der größte Fan des Fliegenfischens.*“[79]

Patrick F. McManus, zeitgenössischer US-amerikanischer Journalist.

Da das Fischen und Jagen im Mittelalter und in der frühen Neuzeit zu den Privilegien des Adels und der Kirchenfürsten zählte, ist es kein Wunder, dass der Angelsport bis weit ins 19. Jahrhundert hinein in Europa ein recht stiefmütterliches Dasein führte und man in diesem historischen Zeitraum vergeblich nach berühmten Anglerinnen Ausschau halten würde. Ganz anders sah es hingegen in der Neuen Welt aus, denn auf dem nordamerikanischen Kontinent war die Fischerei so frei wie die Jagd und stand allen Einwanderern und Einwanderinnen offen. Tatsächlich waren es in den ersten Jahrhunderten der Kolonisierung und weißen Besiedlung Amerikas Frauen, die mit der Angel für Abwechslung im Speiseplan sorgten, schnell mit Rute, Schnur und Haken so geschickt waren wie ihre Männer und dazu beitrugen, dass die Vereinigten Staaten von Amerika – zumindest in dieser Hinsicht – zu einer Vorreiternation in Sachen Frauenemanzipation wurden.

Der enorme Fisch- und Wildreichtum des Kontinents ließ das Angeln in der zweiten Hälfte des 19. Jahrhunderts zu einem kulturellen Gemeingut der amerikanischen Bevölkerung werden, sodass sich gemeinsam mit der Jagd und dem Campen eine Oudoortradition

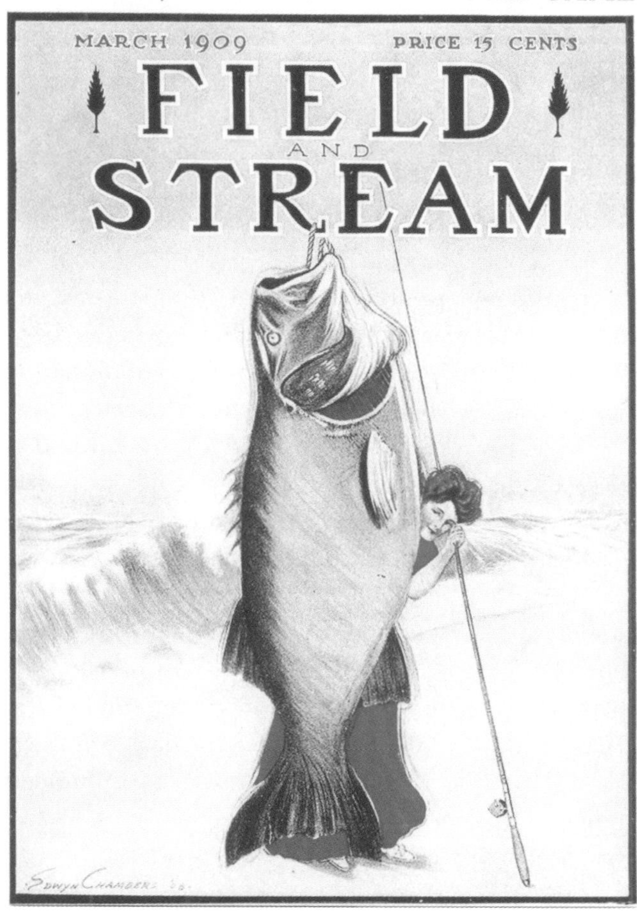

Bereits um 1900 zierten Frauen die Titelseiten der US-amerikanischen Anglerzeitschriften, wie hier eine Brandungsanglerin mit einem Zackenbarsch im März 1909.

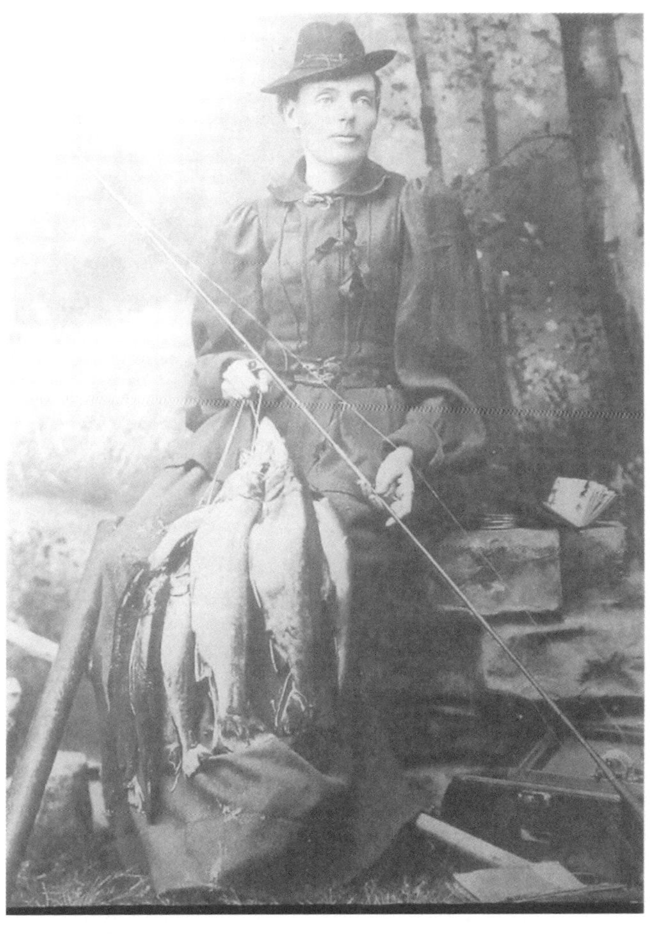

Cornelia Fly Rod Crosby mit einem Bündel Saiblinge und ihrer Fliegenrute.
(Gemeinfreies Foto eines unbekannten Fotografen.)

entwickelte, die um 1900 zu einer „Industrie" wurde, die recht bald ihre eigenen Zeitschriften und Organe besaß, wie z. B. das 1895 erstmals erschienene Magazin *Field and Stream*, das noch heute zu den beliebtesten Jagd- und Angelzeitschriften der USA zählt und das von Beginn an nicht nur Frauen auf seinen Covers zeigte, sondern auch zur Feder greifen ließ. Die berühmteste dieser schreibenden Anglerinnen war Cornelia Crosby (1854–1946) aus dem US-Bundesstaat Maine, die zu den besten Fliegenfischern ihrer Zeit zählte und – dies ist wahrhaft historisch! – 1897 die erste Angel- und Jagdführerlizenz erhielt, die je vom Bundesstaat ausgestellt wurde. Cornelia, die heute unter dem Spitznamen Cornelia *Fly Rod* Crosby, zu den historischen Persönlichkeiten der US-Geschichte zählt, darf wohl als eine der modernen Wegbereiterinnen für Frauen im Angelsport betrachtet werden, denn sie machte ihre Leidenschaft Fliegenfischen zum Beruf und führte als Guide neben den Stars und Sternchen des Hollywood-Stummfilms auch passionierte Angler wie den späteren Präsidenten Theodore Roosevelt (1858–1919) zu ihren großen Fängen.

Als Cornelia Mitte der 1880er-Jahre ihren Job bei einer Telegrafenfirma verlor, zählte sie zu den ersten Opfern des damals gerade erfundenen Telefons. Statt sich ins Heer der arbeitslosen Telegrafenmädchen einzureihen, besann sie sich auf das im ländlichen Maine erworbene Können als Fliegenfischerin, packte all ihren Mut zusammen und schrieb anstelle von Bewerbungen ihre Erlebnisse als Anglerin auf. Diese kurzen Geschichten schickte sie an die damals an der US-Ostküste sehr bekannte Zeitschrift *Outdoor Sports*, dessen Redakteure und Herausgeber zwar begeistert waren, sich jedoch nicht trauten, ihren Lesern die Storys aus der Feder einer Frau zu servieren. Schließlich kam man auf die Idee, ihr das Pseudonym *Fly Rod* zu verpassen, unter dem ihr erster Artikel am 19. Juli 1889 erschien und auf so positive Leserresonanz stieß, dass der Chefredakteur sich entschloss, ihr eine wöchentliche Kolumne im Heft zu reservieren. Rasch wurde bekannt, dass sich hinter *Fly Rod* eine schreibende und fliegenfischende Frau verbarg, was allerdings nicht zu der befürchteten Ablehnung führte, sondern Cornelia zu einer der populärsten und gefragtesten Outdoor-Schreiberinnen des späten 19. und frühen 20. Jahrhunderts machte, deren Artikel bald auch in vielen anderen Zeitungen und Zeitschriften an der Ostküste und wenig später in allen namhaften Qutdoormagazinen (*Field and Stream*, *Shooting and Fishing* etc.) erschienen.

Ob es Zufall oder Absicht der Behörden war, ausgerechnet einer Frau die erste offizielle Guiding-Lizenz auszustellen, ist eine noch heute unter Anglern umstrittene Frage. Fest steht aber, dass von den gut 1300 im Jahre 1897 ausgegebenen Lizenzen für Jagd- und Angelführer Cornelia *Fly Rod* Crosby diejenige mit der Nummer 01 erhielt. Ein Grund für diesen sensationellen Behördenakt könnte in der Tatsache zu suchen sein, dass man mit der talentierten Fliegenfischerin eine exzellente Botschafterin für den damals gerade aufkommenden Tourismus entdeckt hatte, denn Cornelia war auf allen Outdoormessen von Boston bis New York nicht nur eine willkommene Rednerin und Schaustellerin ihrer Wurfkünste, sondern zugleich auch eine vortreffliche Promoterin Maines mit seinen landschaftlichen Reizen und seinem Fisch- und Wildreichtum. Natürlich nutzte die clevere Tourismuspromoterin ihre Popularität in Kombination mit ihrer Lizenz als Jagd- und Angelführerin auch zur Knüpfung ihres ganz persönlichen Netzwerkes und umgab sich gern mit den Prominenten ihrer Zeit. Cornelia *Fly Rod* Crosby ging aber nicht nur als erste(r) Guide in die Geschichte Maines ein, sondern hat mit angeblich mehr als 200 an einem Tag gefangenen Forellen auch sehr viel für die Historie des Anglerlateins getan.

Die Anfänge der Arbeiter-Angelvereine

„Wir wuchsen mit dem Angeln auf und nahmen es stets ernst."

Maddie Marlow, zeitgenössische US-Countrysängerin.

Während das Fliegen- und Spinnfischen auf Lachse, Forellen, Saiblinge und Äschen im späten 19. und frühen 20 Jahrhundert ein Privileg wohlbetuchter Adliger und großbürgerlicher Wirtschaftsmagnaten blieb, war das Grundangeln auf Weißfische, Döbel, Barsche, Karpfen und Aale eine Form der Angelfischerei, die für höhere gesellschaftliche Schichten als unschicklich galt. Das Angeln auf Nichtsalmoniden war – und dies galt bis in die 50er-Jahre des 20. Jahrhunderts – eine Freizeitbeschäftigung für Arbeiter, die sich im Deutschen Reich in zahlreichen Arbeiter-Angelvereinen zusammenschlossen. Der erste dieser Vereine gründete sich bereits 1866 unter dem Namen *Central-Verein der Angelfreunde* in Berlin, von wo eine Reihe von Sportvereinen ihren Ursprung nahmen und sich bald in ganz Deutschland verbreiteten.[80] Anders als die von Max von dem Borne mit begründeten Angelvereine hatten die Arbeiter-Angelvereine von Beginn an auch eine sozialpolitische bzw. sozialdemokratische Kernidee, denn dass Proletarier in den Vereinen des Bürgertums unwillkommen waren, war wohl kaum einem Petrijünger entgangen. Wie sehr sich der „Klassenkampf" zwischen Fliegen- und Spinnrute schwingenden Großbürgern und den in den damals sog. *Arbeiter-Anglervereinen* organisierten Sportfischern kurz vor dem Ersten Weltkrieg verschärft hatte, belegt folgendes Zitat aus einem Rundschreiben des *Deutschen Anglerbundes*, das 1911 in der Zeitschrift *Der Sportfischer* veröffentlicht wurde:

„*Das Heranziehen des sog. ‚kleinen Mannes' zur Bundesorganisation* [gemeint ist hier eine das Deutsche Reich umspannende Organisation aller Angler] *ist es, was den Herren nicht so recht behagt. Der kleine Mann ist nach ihrer Auffassung nicht der richtige ‚Sportgerechte', weil er nicht mit der Lachsrute in Norwegen herumkraxeln oder nicht die großen Seen mit einem paar Dutzend Spinnern bearbeiten kann.*“[81]

Die aus diesen Zeilen klingende Verbitterung der angelnden Arbeiter war in der Tat berechtigt, denn sie hatten keineswegs nur gegen den Standesdünkel der fischwaidwerkenden Adligen, Großbürger und Beamten anzukämpfen, sondern wurden auch von den Berufsfischern als minderwertige Würmchenbader angesehen, die man am liebsten gänzlich von der Fischerei ausgeschlossen hätte. So heißt es in einem Beitrag der *Fischerei-Zeitung*, einem Organ der deutschen Berufsfischer, aus dem Jahre 1893 über die Angelfischerei und die Angler:

„*Es ist kaum denkbar, daß sich ein auch nur mäßig begabter Mensch dieser langweiligen, unfruchtbaren und unlohnenden Beschäftigung hingeben könnte. Wie kann man es nur fertig bringen, Stunden oder gar den ganzen Tage oder die ganzen Nächte an einem Gewässer zu ver-*

weilen und auf irgendein kleines Fischlein zu warten, welches den angebotenen Köder ergreift. Es muß doch das Angeln eine Herz und Geist tötende Beschäftigung sein.“[82]

Wie unwillkommen angelnde Arbeiter in der zweiten Hälfte des 19. Jahrhunderts waren und wie sehr gehobene Stände das Proletariat an der Angelrute ablehnten, bekräftigen auch die Worte Zeilers, der 1873 im seinem Werk über die *Angelkunst* folgenden gesellschaftlichen Schichten und Ständen die Ausübung der Fischwaid ans Herz legen wollte:

„*Der hohe Adel auf seinem oft zerstreuungsarmen Sommersitze; der Pensionist, der entfernt vom Geräusche der Welt seine Tage in der reizenden, friedlichen Natur verbringt; der Gewerke und Beamte, welche Beide in ihren freien Stunden nach Erholung dürsten; ferner der Waidmann und der Forstmann, welche Beide in Ausübung ihres Berufes mit diesem Sporte in naher Verbindung stehen; endlich Tausende von Touristen, Bäderbesuchende und Studiosen in den Ferien-Monaten, womit können sie Alle in der schönen, großen Natur so manche Stunden angenehm und zweckmäßig ausfüllen, als mit Ausübung der edlen Angelkunst; auch ist der Städter zu gedenken, die an Sonn- und Feiertagen mit Benützung der Eisenbahn in der Natur und gesunden Luft Zerstreuung suchen.*“[83]

Zeiler, von dem Borne und andere „Fischwaidmänner“ standen in der zweiten Hälfte des 19. Jahrhunderts jedoch auf recht verlorenem Posten und mussten sich, wollten sie ihrer Passion ungestört frönen, in die exklusi-

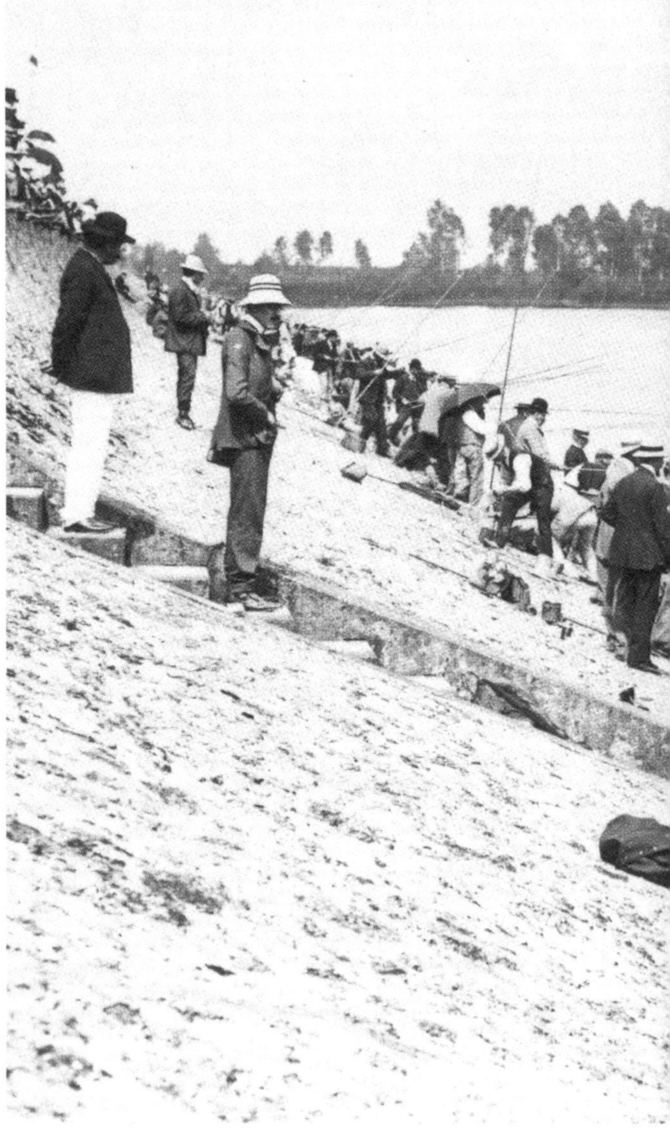

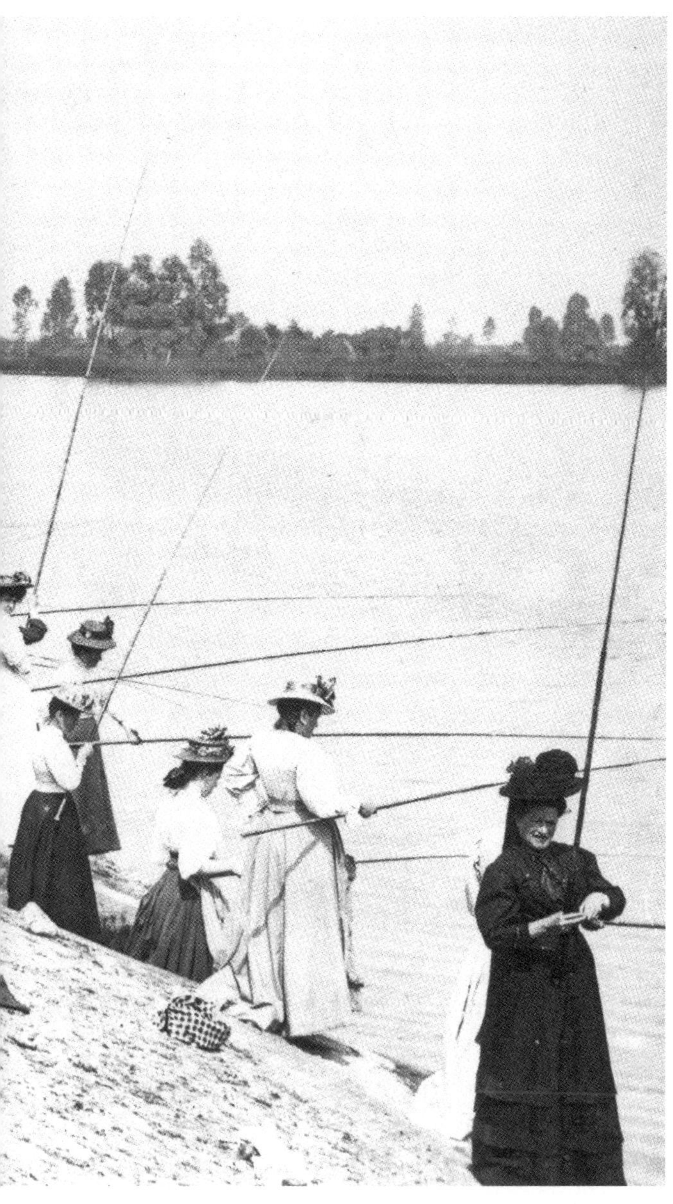

Den Arbeiter-Angelvereinen ging es von Beginn an um eine Einbindung der Familien, und man veranstaltete regelmäßig Gesellschaftsangeln, wie hier zu Beginn des 20. Jahrhunderts.
(Reproduktion einer gemeinfreien Abbildung.)

ven und für *gemeine Leute* nicht erschwinglichen Reviere zurückziehen. Denn dass sich die Arbeiter in den industriellen Ballungsgebieten nicht vom Angeln ausschließen lassen wollten, verdeutlichen die vielen Pamphlete, Artikel und Streitschriften, die für und gegen das Angeln des sog. „*kleinen Mannes*" um die Jahrhundertwende verfasst wurden. Vor allem in Berlin, wo sozialdemokratisch gesonnene Arbeitervereine in der zweiten Hälfte des 19. Jahrhunderts für eine Teilhabe der Arbeiter am sportlichen, kulturellen und gesellschaftlichen Leben eintraten, entstanden nicht nur Anglervereine als Verbindungen von Menschen mit gleichen Interessen, sondern diese Vereine pachteten auch eigene Gewässer an, besetzten diese mit Fischen, gründeten an ihren Ufern Kleingartenanlagen und entwickelten so eine eigene Arbeiter-Angel-Kultur, die sich bewusst von den elitären Spinn- und Fliegenfischern abzusetzen suchte und in die von Anfang an auch Frauen und Kinder einbezogen wurden. 1921 kam es dann zur Gründung des *Arbeiter-Angler-Bundes Deutschland*, einem Dachverband der Interessen aller angelnden Arbeiter. Der Bund gab eigene Mitgliederzeitschriften heraus und verstand, sich öffentlichkeitswirksam zu präsentieren. Im April 1927 nahm er an der ersten Berliner Freizeitausstellung *Das Wochenende* teil und war dort mit einem Familienangeln vertreten. Die Berliner Presse schrieb dazu am 13 Juni 1927:

„Die junge Organisation der Arbeiterangler tritt mit einer bemerkenswerten Ausstellung das erste Mal vor die große Öffentlichkeit. Man muß es den Anglern von ‚Petri Heil' lassen, sie haben es gut verstanden, die Eigenarten

ihres Sports und die mit seiner Ausübung verbundenen Absichten zur Schau zu bringen. [...] *Das innige Verbundensein mit der Natur, mit Feld, Wasser, Tier und Kameraden bringt dem Arbeiterangler die Kraft zu neuem Schaffen. In der Anglerkolonie verlebte er und seine Familie ein erholsames Wochenende.*“[84]

Was man unter einem Familienangeln zu verstehen hatte, erfuhren die Leser aus dem *Deutschen Fischereiblatt*, das 1925 zum Thema Familienangeln zu berichten wusste:

„*Wenn etwa die verehrte Frau Mama das Angeln nicht schicklich genug finden sollte, so sollte sie gütlichst bedenken, daß schließlich unfein denkende Menschen in allem etwas finden können: Im Schwimmen, Rodeln, Schlittschuh- oder Skifahren usw. Der Angelsport ist aber vorläufig noch der am wenigsten verleumdete Sport, den die Damen ausüben können. Im Umgang mit den männlichen Sportskameraden werden die angelnden Damen bald herausfinden, daß der in Anglerkreisen herrschende Ton zwar rau, aber herzlich und ein echter Angler in der Regel ein sehr lieber Kerl ist.*“[85]

Dem *Arbeiter-Angler-Bund* war allerdings nur eine Lebensdauer von zwölf Jahren vergönnt; 1933 wurde er, wie alle Sportvereine im Deutschen Reich, von den Nazis gleichgeschaltet.

Ernest Hemingway und die Anfänge des modernen Big Game Fishing

„*Angeln ist weit mehr als Fischen.*“[86]

Herbert Hoover, 31. Präsident der USA (1874–1964).

Vielen Anglern kommt der Name Ernest Hemingway (1899–1961) in den Sinn, wenn nach dem „*Stammvater*“ des modernen Hochseeangelns gefragt wird. Zwar zählt der spätere Literaturnobelpreisträger zu den Gründungsmitgliedern der 1939 in Florida aus der Taufe gehobenen *International Game Fish Association (IGFA*), doch gehörte er keineswegs zu den Pionieren des Big Game Fishing, denn die ersten kapitalen Meeresfische wurden bereits zwei Jahrzehnte vor Hemingways Geburt von enthusiastischen Abenteurern mit selbst gebautem Angelgerät erfolgreich befischt. Unbestritten ist jedoch, dass Hemingway seit Mitte der 1930er-Jahre zu jenen Anglern zählte, die den sportlichen Großfischfang in der Karibik populär machten. Anders als andere betuchte Touristen, die auf Kuba oder in den Gewässern vor Florida Anfang der 1930er-Jahre Marlinen, Thunfischen oder Goldmakrelen auf die Schuppen rückten, war Hemingway nie ein Sonntagsangler oder -jäger. Für ihn waren Jagd und Angelei zwei von Grund auf männliche Tugenden, und für Ferienangler hatte er nicht viel übrig. Schon 15 Jahre vor Erscheinen seiner berühmten und auf Kuba entstandenen Novelle *Der alte Mann und das Meer*, in der er den ungleichen Kampf zwischen Mensch und Riesenfisch schildert, fasste Hemingway 1937 seine Einstellung zum Angelsport und besonders zum Hoch-

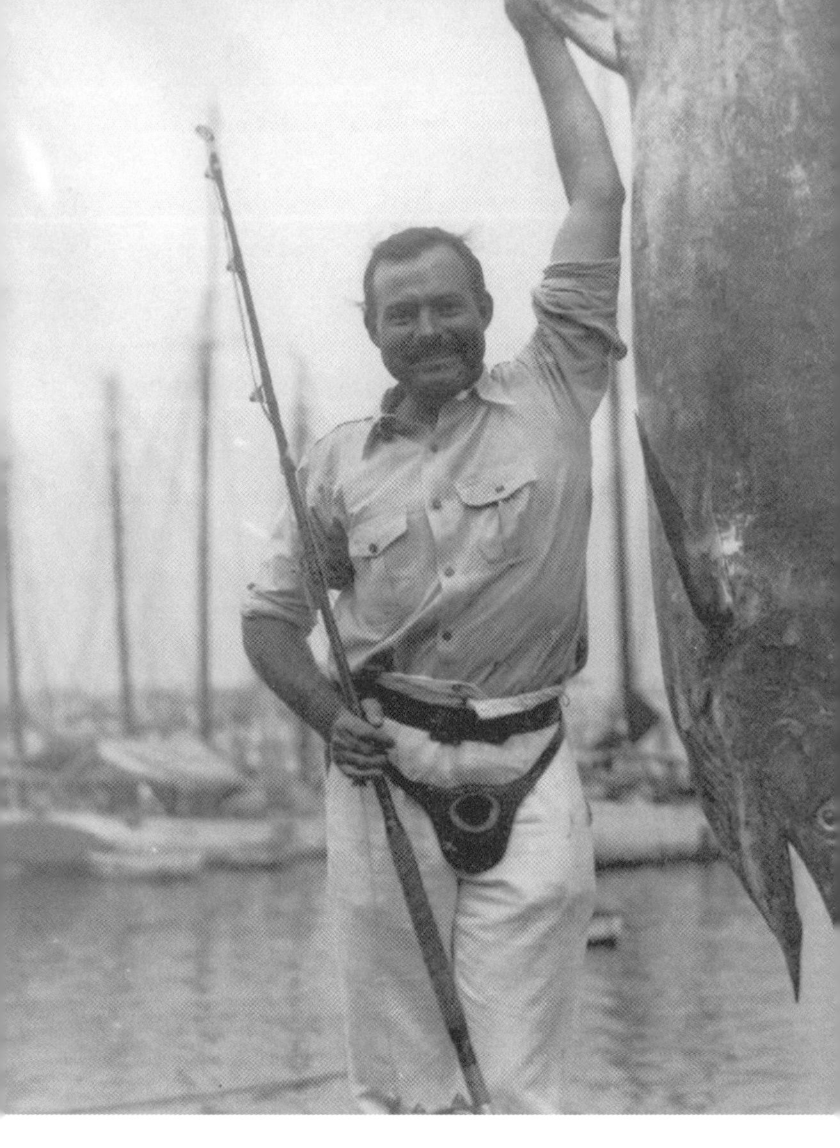

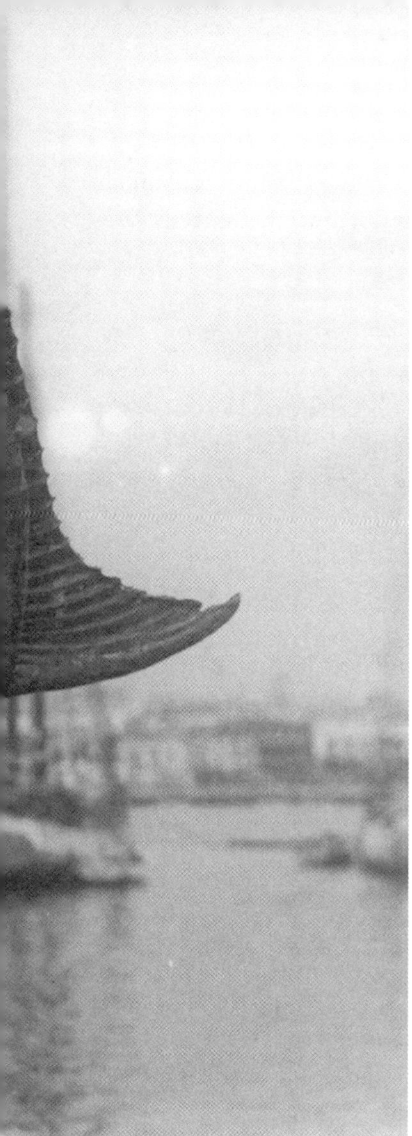

Hemingway mit einem seiner großen Marline, gefangen Anfang der 1930er-Jahre.(Gemeinfreies Fotos eines unbekannten Fotografen.)

seeangeln im Vorwort des Klassikers *Atlantic Game Fishing* von Kip Farrington (1904–1983) in folgenden, für Sonntagsangler nicht eben schmeichelhaften, Worten zusammen:

„*Angler wissen ihren Kampf mit einem Fisch zu romantisieren und übersehen dabei völlig, dass der Fisch einen Haken in seinem Maul, in seinen Kiemen oder in seinem Bauch hat und seine Sportlichkeit in Wahrheit nichts anderes als reine Panik ist, in der er taucht, empor schnellt und fluchtartig davon schießt, bis er stirbt. Der Angler sollte einen unschätzbaren Vorteil nie außer Acht lassen: der Fisch hat den Haken im Maul – nicht er.*“[87]

Als Hemingway Anfang der 1930er-Jahre seine Finca in einem Vorort von Havanna bezog und sich daranmachte, den Golfstrom vor der eigenen Haustüre zu befischen, verfügten Big-Game-Angler schon ein gutes Jahrzehnt lang über qualitativ hochwertiges, wenn auch recht schweres und klobiges Angelgerät. Mit den ersten brauchbaren Ruten, Rollen und Schnüren entdeckten immer mehr Angler die Faszination des Sports, und in den touristisch erschlossenen Gebieten der Karibik (hauptsächlich in Key West, den Bahamas und Kuba) entwickelte sich eine bescheidene Charterbootinfrastruktur, die besonders Hollywoodstars und US-amerikanische Industrielle anzog.

Seinen ersten großen Marlin fing Hemingway 1933 vor Kuba. Der Fisch wog 468 Pfund und sein Fang veranlasste ihn, im darauffolgenden Jahr eine New Yorker Werft mit dem Bau eines eigenen und speziell für den

Fang von Großfischen ausgestatteten Bootes zu beauftragen, das er auf den Spitznamen seiner Ehefrau Pauline, *Pilar*, taufte und das mit einem Preis von 7495 Dollar für die damalige Zeit ein Vermögen gekostet hat. Die hölzerne Pilar, die noch heute im Hemingwaymuseum in Havanna zu bestaunen ist, war mit einem 75 PS starkem Motor, 12 Metern Länge, einer Breite von 3,7 Metern einem Tiefgang von rund einem Meter für das Fischen im Golfstrom ideal und mit ihren Extras, bestehend aus einem Kampfstuhl, einem Kran zur Aufnahme von Großfischen sowie einem Fischkasten für lebende Köderfische, ein Novum in den Gewässern der Karibik. Geschleppt wurde mit zwei Ruten der 80-lbs-Klasse (der Lieblingsschnurklasse Hemingways). Als Skipper heuerte er Gregorio Fuentes (1897–2002), einen erfahrenen Fischer an, dem er nicht nur ein stolzes Gehalt von 250 Dollar monatlich zahlte, sondern dessen Erlebnisse im Golfstrom ihn auch zur Story *Der Alte Mann und das Meer* inspirierten.

Von Bord der Pilar aus brach Hemingway zahlreiche Rekorde. Allein in ihrer zweiten Saison (1935) gewann er jeden Angelwettbewerb zwischen Key West und den Bahamas und stellte 1938 mit sieben gefangenen Marlinen an nur einem einzigen Tag einen Weltrekord auf. Ob er die sieben Großfische jedoch allein und ohne Hilfe seines Skippers bezwang, wurde nie hinreichend geklärt.

Als einziger US-amerikanischer Big-Game-Angler ließ Hemingway sich nicht von den Revolutionären Fidel Castros von der Insel Kuba vertreiben. Er schloss mit Castro Freundschaft, und es gelang ihm sogar, den Revolutionsführer für das Hochseeangeln zu begeistern. Seit 1950 trägt der alljährlich vor Havanna ausgetragene Angelwettbewerb seinen Namen. In den ersten drei Jahren – wie hätte es auch anders sein sollen – gewann Hemingway höchstpersönlich.

Angeln und Sportfischen – Die Gründung der IGFA

„*Jeder Fisch, den du zurücksetzt, ist ein Geschenk an einen anderen Angler.*“[88]

Lee Wulff, englischer Angler und Künstler (1905–1991).

Während das Angeln in der Zwischenkriegszeit in weiten Teilen Europas noch ein Sport für die ärmeren Gesellschaftsschichten war und das Spinn- sowie das Fliegenfischen allein den vermögenden Eliten vorbehalten blieb, hatte das Sportfischen in den USA bereits einen weitaus höheren Stellenwert und stellte sowohl was die Ausrüstungsgegenstände als auch den Tourismus (Angelcamps, Charterboote, Guidingtouren) anbelangte einen beträchtlichen volkswirtschaftlichen Faktor dar. Zahlreiche Sportfischerzeitschriften, wie das 1895 gegründete Magazin *Field and Stream* oder das 1898 erstmals erschiene Journal *Outdoor Life,* trafen nicht nur den Geschmack der freizeithungrigen Menschen, sondern berichteten ihren Lesern immer wieder über kapitale Fänge und führten eigene Rekordlisten oder Fischhitparaden. Zwar standen diese Listen nicht im Ruf, Anglerlatein zu verbreiten, doch wünschten sich viele Petrijünger verbindliche Regeln für die Anerkennung von Rekordfischen, denn man war der Auffassung, dass gleich große Fische, die mit unterschiedlich starkem bzw. schwerem Angelgerät erbeutet wurden, aus sportlicher Sicht unterschiedlich einzustufen seien, schließlich sei, so argumentierten viele Angler, ein mit milimeterdicker

Schnur gefangener Fisch leichter zu besiegen, fordere seinem Fänger also weniger anglerisches Vermögen ab, als ein Artgenosse derselben Größe und desselben Gewichts, der an einer nur halb so dicken Leine bezwungen wurde.

Neben einem Regelwerk für die Anerkennung von Rekordfischen sehnten sich viele Sportfischer aber auch nach einem Netzwerk von Gleichgesinnten, das möglichst weltumspannend sein sollte, wobei man unter einem globalen Netzwerk freilich einen Zusammenschluss von US-amerikanischen Anglern mit denen des britischen Commonwealth verstand, denn die britischen Kolonialherren verstanden es vortrefflich, die von ihnen besetzten Gebiete auch sportfischereilich zu erschließen, und hatten besonders an den Küsten Australiens, Neuseelands und Ceylons (Sri Lanka) viele Big-Game-Angelclubs gegründet.

Im Jahre 1939 entstanden auf beiden Seiten des Atlantiks mehr oder weniger ernsthaft betriebene Anstrengungen zur Gründung einer internationalen Anglervereinigung, die verbindliche Richtlinien zur Ausübung der Fischwaid erstellen sollte. Die angespannte politische Lage am Vorabend des sich abzeichnenden Zweiten Weltkrieges machte die Bestrebungen von britischen Anglern zunichte, sodass die Gründung der *International Game Fishing Association* (IGFA), deren konstituierende Sitzung am 1. Juni 1939 stattfand, allein von amerikanischen Anglern im *American Museum of Natural History* in New York vollzogen wurde. Zu den Gründungsmitgliedern zählten neben Ernest Hemingway auch andere prominente Angler wie William King Gregory (1876–1970) und die Ichthyologin Francesca

La Monte (1895–1982). Die frisch gegründete Organisation verlegte ihren Sitz nach Dania Beach in Flordia und verstand sich von Anfang an als, wenn auch von amerikanischen Anglern dominierter, weltweiter Dachverband aller Sportfischer.

Die frühen Jahre waren vor allem von ethischen Überlegungen zum Umgang mit gefangenen schwerttragenden Großfischen (Marlinen, Segel- und Schwerfischen) geprägt. Während prominente Rekordangler wie Roy B. Dean (1895–1990) für ein konsequentes Zurücksetzen plädierten und dies auch praktizierten, ließen sich andere (allen voran Ernest Hemingway) nur allzu gern mit ihrer am Kran aufgehängten Beute fotografieren.

Ging es einem, wenn auch kleinen, Teil der Gründungsmitglieder um einen Schutz der weltweiten Fischbestände, so hatten die weitaus meisten verbindliche Regeln bei der Festlegung von Rekordfischen im Sinn. Bereits drei Jahre vor der Gründungsversammlung hatten sich einige US-amerikanische Big-Game-Angler um Ernest Hemingway grundlegende Gedanken zur Klassifizierung von Fängen und das beim Fischfang verwendete Gerät gemacht, standen aber recht bald vor dem Problem, dass es noch keine Angelschnur mit einheitlicher Kalibrierung, geschweige denn Tragkraftgarantie, gab, weshalb man sich nicht verbindlich über Schnurklassenrekorde einigen konnte. Hinzu kam für notorisch geltungssüchtige Angler wie Hemingway, dass ihnen die zunehmende Zahl von durchaus sehr erfolgreichen Anglerinnen ein Dorn im Auge war, was sich in einem Brief Hemingways an seinen Angelfreund Mike Lerner spiegelte:

Schon im Juli 1921 titelte das Magazin Field and Stream mit einer Big-Game-Anglerin, was vielen der Gründungsmitglieder der IGFA gar nicht behagte.

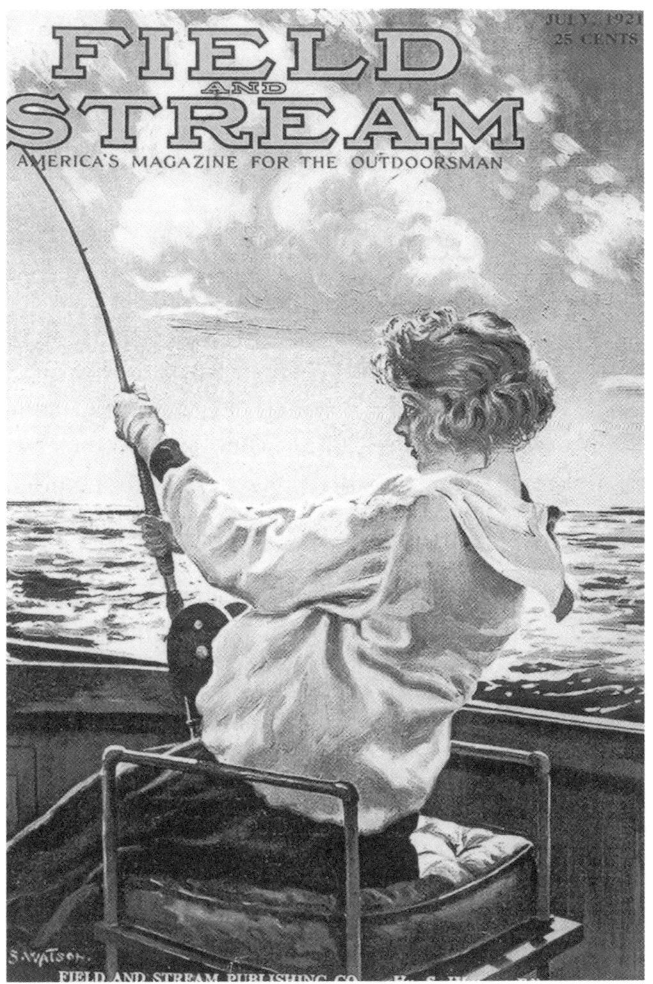
JULY, 1921
25 CENTS
FIELD AND STREAM
AMERICA'S MAGAZINE FOR THE OUTDOORSMAN
S. WATSON

„Unter uns gesagt, glaube ich, dass jede Sportorganisation, die von Frauen dominiert wird, seien sie noch so nett und charmant, so gemütlich wie Schmerzen im Arsch ist und man sofort wieder austreten würde.“[89]

Was diese Zeilen so pikant machte, war nicht allein Hemingways robuste Wortwahl, sondern auch die Tatsache, dass Lerners Ehefrau Helen (1902–1979) ebenfalls zu den Gründungsfiguren der IGFA gehörte und als erfolgreiche Anglerin einen hohen Bekanntheitsgrad hatte sowie durch ihr beträchtliches Vermögen eine Menge Geld in die drei Jahre später dann endlich aus der Taufe gehobene Organisation schoss.[90] Es ist typisch für Hemingways inszeniertes Selbstimage, dass er sich in seinem Freundeskreis und in der Öffentlichkeit als Macho inszenierte, bei seiner Arbeit jedoch auf die Expertisen von Frauen stützte, wie z. B. auf die Unterstützung Francesca La Montes, die nicht nur zu den führenden Experten für tropische Großfische zählte, sondern die der IGFA auch ein „wissenschaftliches Gesicht“ gab, denn schließlich verstand sich die Organisation nicht allein als Vereinigung von Sportfischern, sondern ihr Motto lautete und lautet bis heute *For Ethical Sport and Productive Science* (Für ethischen Sport und produktive Wissenschaft).

Für die meisten Sportfischer waren und sind bis heute allein die IGFA-Rekordlisten maßgebend. In diesen Listen wurden seit der Gründung penibel alle Rekordfische eingetragen, und manche davon scheinen für die Ewigkeit dort festgeschrieben zu stehen, wie beispielsweise der im Jahre 1959 vor der australischen Küste gefangene

Weiße Hai, der mit 1208,38 kg der noch immer größte Fisch ist, der jemals mit Rute und Rolle bezwungen wurde.

Man täte der IGFA aber Unrecht, würde man sie allein als eine Vereinigung rekordsüchtiger Angler betrachten, denn sie widmet sich heute auch verstärkt dem Schutz der Meere, Fische und Ökosysteme. Sie bemüht sich darum, Fischgründe zu erhalten und zu schützen, wobei sie eng mit Wissenschaftlern und politischen Institutionen auf der ganzen Welt zusammenarbeitet.

Spinnfischen im Wirtschaftswunder

„Der Gedanke, dass meine Frau nach meinem Tode mein Angelzeug für den Preis verkauft, den ich ihr genannt habe, sorgt mich am meisten.“[91]

Koos Brandt, zeitgenössischer namibischer Bankbesitzer.

Spinnfischen galt lange als Notlösung für Angler, denen beim Ansitz auf Hecht und Zander die Köderfische ausgegangen waren. Doch schon in den 50er- und 60er-Jahren gab es Petrijünger, die den Raubfischen gezielt mit der Spinnrute auf die Schuppen rückten. Ein Blick in alte Angelbücher zeigt, dass unsere Väter und Großväter über ein gehöriges Maß an handwerklichem Geschick verfügen mussten, wollten sie beim Spinnfischen erfolgreich sein. Die Gespanne zum Blinkern waren vor der Erfindung moderner Kunststoffe und der Entwicklung leichtgängiger Stationär- bzw. Multirollen recht klobig, sodass man es sich heute kaum mehr vorstellen kann, mit diesen Geräten über längere Zeit zu werfen und gehakte Großfische ohne Mühe auszudrillen. Spinnruten, die man damals als Wurfruten bezeichnete, waren aus gespließtem Bambus oder Vollglasfieber und selten länger als 1,5 bis 1,6 Meter. Dabei handelte es sich zumeist um zweiteilige Steckruten mit entsprechend steifer Aktion. Teleskopruten kamen erst Ende der 50er-Jahre auf den Markt; und die ersten Modelle dieser damals sog. Kofferruten waren aus Leichtmetall gefertigt. Bei den Rollen mussten sich Angler bis Ende der 40er-Jahre mit einfachen Haspelrollen behelfen, die ein

Spinnfischen auf weitere Entfernungen fast unmöglich machten. Erst mit der Einführung von wurftauglichen Multirollen (die aber längst nicht für jeden erschwinglich waren) konnten gute Wurfresultate erreicht werden. Allerdings hatten Multirollen den Nachteil, dass das jeweilige Wurfgewicht an einer Fliehkraftbremse eingestellt werden musste, was bedeutete, dass bei jedem Köderwechsel die Bremskraft neu einzustellen war. Auch bedurften die frühen Angelrollen regelmäßiger und sorgfältiger Pflege. Der Altmeister des Angelsports Max Piper (Lebensdaten unbekannt) empfahl 1950 zur Rollenpflege:

„*Wer seine Rolle mit Spitzenlagerung besonders pflegen will, verschaffe sich Penduleöl vom Uhrmacher.*[...] *Solches Uhrmacheröl füllt man in ein Röhrchen, dessen Korken einen dünnen Draht hat. Ein Tröpfchen genügt für jedes Achslager.*“[92]

Zwar waren Anfang der 50er-Jahre auch schon die ersten Stationärrollen in den Katalogen der Angelgerätehersteller zu finden, doch kamen sie beim Spinnfischen selten zum Einsatz, weil die zum Fang von größeren Raubfischen geeignete Angelschnur einen zu hohen Durchmesser hatte und man somit keine zufriedenstellenden Wurfresultate erzielen konnte. Dasselbe galt für die ersten Kapselrollen, die Ende der 40er-, Anfang der 50er-Jahre angeboten wurden.

Vor der Erfindung moderner monofiler Angelschnur aus Nylon wurden Schnüre aus Perlonseide hergestellt. Zwar hatten diese dicken Geflechtschnüre eine recht hohe Tragkraft, man konnte mit ihnen aber selbst auf den Spulen der damals modernsten Mulitrollen nicht allzu weit auswerfen. Um trotz des starken Kalibers bessere und reibungslosere Würfe zu erreichen, musste die Angelschnur gefettet werden. Noch in der fünften Auflage des Klassikers *Spinnfischen* aus dem Jahr 1965 erläuterte Max Piper:

„*Die Schnur in Benzin legen, dem etwa 15% Paraffin oder auch käufliches Schwimmfett beigemischt wird. Mit der Paraffinpaste von Zeit zu Zeit nachreiben* [...]. *Das gleiche gilt für Schnur, die mit säurefreier Vaseline eingefettet wurde, auch sie kann eine Paraffineinreibung erhalten. Zum Einreiben der Fette nimmt man weiches Leder oder Schnurfetter, die man kaufen kann, noch besser die warme Hand.*“[93]

Ein weiterer Nachteil bestand darin, dass die Leine Wasser aufnahm und nach jedem Angeln komplett von der Rolle gezogen und zum Trocknen auf einen speziellen Schnurtrockner gespannt werden musste. Die ersten monofilen Nylonschnüre wurde Ende der 40er-Jahre US-amerikanischen Anglern angeboten und kamen zunächst beim Hochseeangeln auf Thune und schwerttragende Fische zum Einsatz. Zum Spinnfischen waren diese Schnüre aufgrund ihrer niedrigen Tragkraft in den dünneren Kalibern ungeeignet, sodass sie bis zum Beginn der 60er-Jahre sowohl in Amerika als auch in Europa kaum von Spinnfischern benutzt wurden. Noch Anfang der 60er-Jahre konnten die monofilen Schnüre namhaftester Hersteller bei einem für heutige Spinnfi-

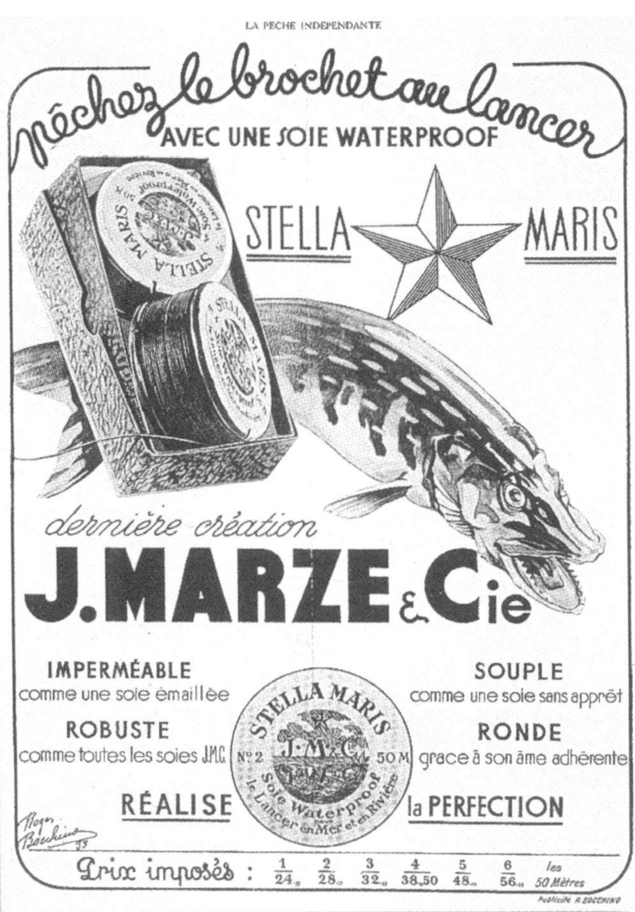

Von selbst abtrocknende Angelschnur war zu Anfang der 60er-Jahre der letzte Schrei und wurde mit dem Hecht als König der Raubfische beworben. (Reproduktion: Sammlung Bötefür)

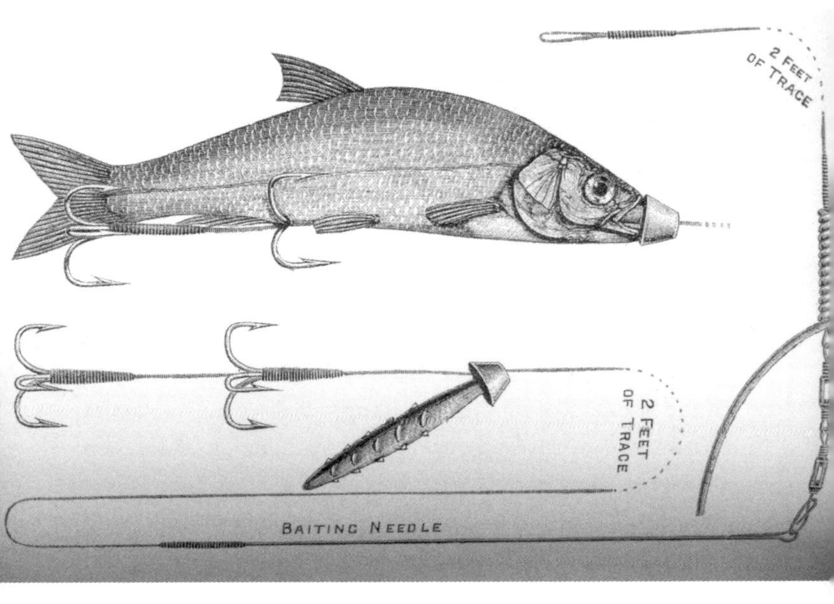

Systeme waren in den 50er-Jahren sehr beliebt und kamen häufig zum Einsatz. (Reproduktion: Sammlung Bötefür)

scher unvorstellbar starken Durchmesser von 0,40 Millimetern nicht mehr als etwa vier Kilogramm Tragkraft aufweisen. Hinzu kam die geringe Abriebs- und Knotenfestigkeit, welche die angebliche Tragkraftgarantie der monofilen Leine nochmals erheblich minderte.

Bis in die 50er-Jahre standen für Angler nicht viele unterschiedliche Spinnköder zur Verfügung. Dies lag zum einen daran, dass sich in Deutschland noch keine Hobby- und Freizeitindustrie entwickelt hatte, und gründete zum anderen darin, dass man mit den unhandlichen Ruten- und Rollengespannen nur schwere Kunstköder ausreichend weit auswerfen konnte. Im Wesentlichen kamen die zwei Blinkerklassiker *Effzett* (der Ende des 19. Jahrhunderts auf den Markt kam) und *Heintz* (den es seit dem frühen 20. Jahrhundert gibt) zum Einsatz. Neben diesen schweren Blinkern gab es eine bescheidene Auswahl an hölzernen Wobblern und einige Spinnermodelle, die jedoch nicht wie moderne Spinner eigenschwer waren, sondern mit vorgeschalteten Bleien beschwert werden mussten, um sie weit genug werfen und auf Tiefe bringen zu können. Die schon in den 40er-Jahren erhältlichen und auch heute noch vielfach benutzen Wobblerklassiker aus Balsaholz eigneten sich einzig zum Schleppfischen, weil sie aufgrund ihres geringen Gewichts an keiner der damals gängigen Spinnruten zu werfen oder zu führen waren.

Außer künstlichen Ködern wurden auch verschiedene Spinnsysteme für das Angeln mit toten Köderfischen eingesetzt, von denen viele sehr fängig waren und heute noch von eingefleischten Spinnfischern nachgebaut werden.

Das neben Rute, Rolle, Schnur und Kunstködern nötige Kleinzeug musste bis weit in die 50er-Jahre hinein von den Spinnfischern selbst hergestellt werden, wollten sie sich nicht mit zu grobem Gerät zufriedengeben. Für das Spinnfischen auf Hechte geeignete Stahlvorfächer waren bis zum Beginn der 60er-Jahre unbekannt; statt ihrer wurden im Fachhandel Metallketten angeboten, die mittels Wirbeln mit Hauptschnur und Spinnköder verbunden wurden. Wem diese Gliederkettchen zu grob und steif waren, der war gezwungen, sich in den Bastelkeller zurückzuziehen und dort geeignete Vorfächer aus Draht selbst herzustellen. Es versteht sich beinahe von selbst, dass diese Drahtvorfächer den Namen Stahlvorfach nicht verdienten, denn echte Stahlvorfächer kamen nur beim Hochseeangeln auf Haie zum Einsatz und wurden aus Klaviersaiten gefertigt. Auch stabile Wirbel musste man sich selbst basteln, denn die Tragkraft der ersten Agraffenwirbel war alles andere als hoch. Bei Max Piper fanden die Angler allerlei Anleitungen zum Bau von Wirbeln, die man sich aus *„einer Stecknadel und 5 cm x-beliebigem Draht nach altbewährtem Rezept“*[94] herstellen konnte.

Aus der Not geboren – Lauri Rapala und die Erfindung moderner Wobbler

Wobbler der finnischen Firma Rapala finden sich heute rund um den Globus in den Geräteboxen und Rucksäcken zahlreicher Spinnfischer. Längst sind die schlanken Holzfischchen zu Klassikern geworden, sodass in vielen Ländern der Name Rapala zum Synonym für Wobbler schlechthin geworden ist. Viele Angler schätzen diesen Köder, wissen jedoch wenig über die Umstände seiner Entwicklung, die rein gar nichts mit Sportangelei zu tun hatten.

Lauri Rapala (1905–1974) wurde als Sohn einer Dienstmagd im finnischen Dorf Rapala geboren. Die Legende will es, dass der Pfarrer der nächstgrößeren Ortschaft es versäumte, den Familiennamen Lauris ins Taufregister einzutragen, weshalb er von nun an als Nachnamen den Ortsnamen seines Geburtsdorfes trug. Der Junge bekam nie die Möglichkeit, eine Schule von innen zu sehen, und musste sich schon früh als Waldarbeiter durchs Leben schlagen. Mitte der 20er-Jahre beschloss er, Berufsfischer zu werden, um sich und seine Familie durch die harte Zeit der Weltwirtschaftskrise zu bringen. Wie damals üblich, fischte er von einem Ruderboot aus mit Langleinen, an denen Fischchen als Köder angeboten wurden. Um sich das Geld für diese Köder zu sparen, begann Lauri damit, Kunstköder zu entwickeln, die er zum Schleppen benutzte. Zu Anfang waren es einfache Wobbler aus Kork bzw. Holz, wie sie schon seit Jahrhunderten von den Samen, den Ureinwohnern Nordskandinaviens, benutzt wurden. Zwar

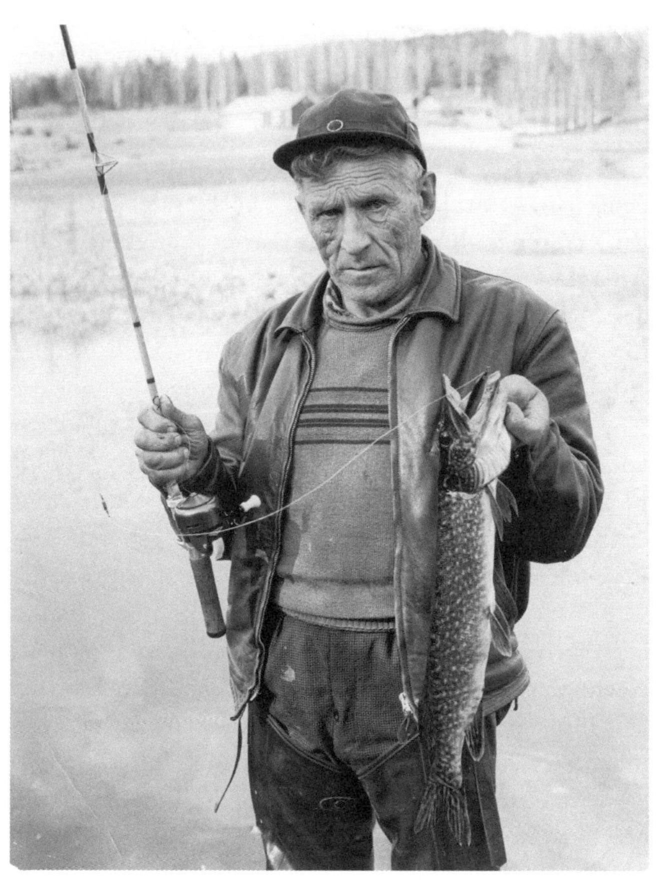

Lauri Rapala testete seiner Wobbler wenn möglich persönlich.
(Foto Fa. Rapala mit freundlicher Genehmigung.)

hatte er damit bescheidene Erfolge, doch gefiel ihm der Lauf dieser alles andere als perfekten Schleppköder ganz und gar nicht, denn er hatte im glasklaren Wasser der Seen beobachtet, dass die Raubfische, hauptsächlich Barsche und Hechte, stets die schwächsten und auffälligsten Kleinfische aus einem Schwarm schlugen. Die Bewegungen dieser kranken und geschwächten Jungfische versuchte Rapala mit seinen Kunstködern möglichst perfekt zu imitieren. Seine schlanken Wobbler versah er daher mit einer Tauchschaufel aus Metall und versuchte, ihnen auch optische Reize zu verleihen, auf welche die Raubfische reagieren sollten. Zwar hatte er viele Ideen, doch aufgrund seiner Armut fehlte es ihm an den einfachsten Materialien, um seine Kunstköderexperimente fortzusetzen.

Erste Hilfe erhielt er Ende der 20er-Jahre von Nachbarn, die ihn mit dem Silberpapier von Käse- und Schokoladenverpackungen versorgten, das er mangels Farbe auf seine Holzwobbler klebte. Mit diesen Silberfischchen begann er zu schleppen und hatte bald beachtliche Erfolge. Allerdings wurden seine Köder recht schnell von den scharfen Raubfischzähnen zerstört, sodass er beinahe jeden Abend neue Wobbler schnitzen musste. Erst als er die Bekanntschaft eines Fotografen machte, der ihn mit ausgedientem Negativmaterial versorgte, hatte er das Stabilitätsproblem seiner Wobbler so einfach wie genial gelöst: Er schmolz die Filme ein und gewann so eine dünne aufstreichbare Masse, die als Außenhaut seiner hölzernen Wobbler fungierte und diese nicht nur stabil und bissfest, sondern auch wasserdicht machte. Der erste mit Fotonegativlack überzogene Rapalawobbler entstand

Mitte der 30er-Jahre und machte seinen Erfinder schnell zu einer lokalen Berühmtheit, denn der Ur-Rapala war allen damals gängigen Kunstködern sowie lebenden und toten Köderfischen haushoch überlegen.

Mitte der 40er-Jahre wurde die lokale Nachfrage unter Berufs- und Sportfischern so groß, dass Lauri das Fischen aufgab und sich nur noch mit dem Bau und Verkauf seiner Wobbler befasste. Zu Beginn der 50er-Jahre waren Rapalawobbler in ganz Finnland so begehrt, dass ihr Erfinder Helfer anlernen musste, die ihn beim Bau der Köder unterstützten. Die Wobbler wurden nun sogar in den Angelfachgeschäften und in einigen Warenhäusern Helsinkis verkauft. Als schließlich amerikanische Touristen während der Olympischen Spiele 1952 die ersten Rapalas aus Helsinki in die USA mitbrachten, war der weltweite Erfolg dieses Kunstködertyps in Gang gesetzt. Und spätestens als 1962 ein angelverrückter Mitarbeiter des Magazins *Life* seinen Chefredakteur davon überzeugen konnte, einen Beitrag über Rapalawobbler ins Heft aufzunehmen, wusste ganz Amerika, wer der eigenwillige Finne war, denn der Artikel erschien ausgerechnet in jener Ausgabe, die Marilyn Monroe auf dem Cover zeigte und ihren Tod verkündete.

Über die USA traten die Wobbler dann ihren weltweiten Siegeszug an und machten aus der bescheidenen Werkstatt in der finnischen Provinz ein Mekka des Kunstköderbaus. Lauri Rapala starb 1974 als wohlhabender Mann und wird heute mit anderen berühmten Anglern wie Izaak Walton und Ernest Hemingway in einem Atemzug genannt.

Die Zukunft des Angelns – Das Wagnis eines Ausblicks

„Kein Fisch ist größer als der, der vom Haken abkam."
Zeitlose Anglerweisheit unbekannten Ursprungs.

„Wenig geeignet zur Erweckung eines günstigen Urteils beim großen Publikum sind die in der Nähe unserer Großstädte an den dort fischereilich schlecht beschaffenen Wasserstraßen sich zeigenden ‚Angler', nach welchen der Laie so oft alle Sportfischer einzuschätzen geneigt ist. Sie fangen nichts Nennenswertes, sie sehen meist recht zweideutig aus, sind häufig noch halbwüchsige Jungen, lassen mit Recht das Fehlen gesetzlicher Berechtigung zur Fischerei vermuten und üben mit primitivsten Geräten nach längst veralteten Methoden, dafür aber mit großem Selbstbewusstsein, nur die stumpfsinnigste Abart der Grundangelei aus."[95] Mit diesen harschen Worten kritisierte Max von dem Borne jugendliche Angler, die wir heute Streetfisher nennen würden. Was dem Altmeister der Angelfischerei vor rund 130 Jahren als Graus erschien, hat sich zwischenzeitlich im urbanen Raum zu einer eigenen Form der Sportfischerei entwickelt und wird, ganz im Gegensatz zu den damals eingesetzten *primitivsten Geräten,* mit eigens für das Streetfishing entwickelten Ruten, Rollen, Spinnködern und Landungsnetzen ausgeübt. Dabei müssen diese Gerätschaften japanischen Ursprungs (*Japan Tackle*) sein und mit englischen Begriffen benannt werden (Horrocks und der Beginn des Fliegenfischens in Deutschland lassen grüßen). Natürlich ist es nicht ganz fair, die vom Alltag der industriellen Vorstädte zur

langweiligen Angelei an verschmutzen Kanälen des 19. Jahrhunderts gezwungenen Kinder und Jugendlichen mit den modernen und hippen Streetfishing-Boys und -Girls zu vergleichen, denn diese angeln, ob in Amsterdam, Berlin, Hamburg oder im Ruhrgebiet, an längst sauberen Gewässern, aus denen die mit *Hard-*, *Soft-* oder *Creature-Baits* gefangenen Zander und Barsche durchaus für die Küche zu entnehmen wären, hieße das oberste Gebot moderner Straßenangler nicht *Catch and Release*. Und selbstverständlich haben die jugendlichen Streetfisher ihre ganz eigene Kultur, ihre eigene Sprache und ihren eigenen Angelstil, der es ihnen gestattet, auf an kommerziellen Forellenseen fischende Kochtopfangler herabzublicken, kennen diese doch keinen anderen Zielfisch als die, weiland von Max von dem Borne nach Deutschland gebrachte, Regenbogenforelle.[96] Die Forellenteichangler haben sich in den vergangenen 20 Jahren ohnehin zu einer ganz besonderen Form der ökonomisch denkenden Angler entwickelt, denn ihnen geht es in der Regel darum, für ihren teuer bezahlten Tagesschein möglichst viele Forellen zu fangen und in die heimische Küche zu tragen. Dass diese Angler für Karpfenfreaks, denen nur wenig anderes Angelgerät als englisches in die Hände kommt, wenig Verständnis aufbringen können, liegt bereits im umgekehrten ökonomischen Grundverständnis beider Anglertypen, denn schließlich werfen Karpfenangler in einer Saison Boilies im Wert von vielen Hundert Euro in die Seen, Flüsse und Kanäle, nur, um mit diesem Köder nach tage- und nächtelangem Ansitz im beheizten Zelt (dem sog. *Carp Dome*) immer wieder dieselben Großkarpfen zu übertölpeln, vor die Selbstauslöser ihrer *Smartphones* zu halten und anschließend bis zum nächsten *Run* am *Carp Tackle* (die Sprachlehre John Horrocks scheint unsterblich!) wieder zurückzusetzen.

Ob Streetfisher, Forellenteichgänger oder Karpfenangler, um nur drei Gruppen aus der bunten und vielschichtigen Angelszene zu nennen, allen sog. Zielfischanglern ist gemein, dass ihr Hobby recht kurzlebig ist, denn viele Arten des Angelns sind in den vergangen 40 Jahren von der stetig wachsenden Angelgeräteindustrie ins Leben gerufen worden, hatten eine Zeit lang ihre Anhänger und wurden dann durch neue Hypes ersetzt. Dass die bis zu 14 Meter langen Stippruten der Wettfischer, so plötzlich, wie sie Mitte der 1970er-Jahre auftauchten, Anfang der 1980er wieder verschwanden oder Gummifische in kunterbunten Farben zu Beginn der 2010er-Jahre so schnell verschwanden, wie sie kaum zehn Jahre zuvor dorthin gelangt waren, haben viele Angler längst vergessen und erinnern sich vielleicht nur noch daran, dass sie in den 1990ern unbedingt einen Zweizentnerwels in einem Angelcamp am spanischen Rio Ebro bezwingen mussten, bevor ihnen die Angelreiseindustrie „befahl“ künftig in den Fjorden Norwegens zu fischen, wo seit einem Jahrzehnt jeder gewesen sein muss, der mitreden möchte.

Es sind aber nicht allein die unterschiedlichen und zumeist nur kurzlebigen Trends, die Vorhersagen über die Zukunft des Sports schwierig machen. Neben den Diskussionen über *Catch und Release* und dem Für und Wider von kommerziellen Angelseen machen den Anglern auch viele Tierschutzorganisationen das Leben schwer, denn immer öfter werden prominente Petrijünger von

Tierschützern als Tierquäler angezeigt oder müssen im Internet sog. Shitstorms über sich ergehen lassen.

Die gesellschaftlichen Kontroversen über das Angeln haben seit der Jahrtausendwende – beschleunigt durch die sozialen Netzwerke des Internets – eine neue Qualität erreicht. Zu diesen Kontroversen gesellten sich in den letzten Jahrzehnten auch zahlreiche ökologische Veränderungen, die bereits in den 80er-Jahren des 20. Jahrhunderts mit der Invasion der vormals nur an den Meeresküsten anzutreffenden Kormorane begannen und sich seit einem knappen Jahrzehnt mit den aus Osteuropa eingeschleppten Grundeln fortsetzen. Ob der in jüngster Zeit (stand Juni 2019) vermehrt in der Donau auftretende Gelbe Drachenwels, ein aus Asien kommender Fisch, das europäische Ökosystem zusätzlich bedroht, ist noch nicht hinreichend bekannt. Gefahren durch unkontrollierte und parasitäre „Fischneuzugänge" lassen für die Zukunft des beschaulichen Würmchenbadens jedoch nicht viel Gutes erhoffen.

Es müssen allerdings nicht eingeschleppte „Fremdlinge" sein, die künftig die Freude am Angeln trüben oder das Angeln völlig sinnlos machen. Klimawandel, Gewässerverschmutzung durch intensive Landwirtschaft, Medikamentenrückstände, Sonnencremes und Mikroplastikteilchen sowie die durch die vier Millionen deutschen Angler jährlich verursachten Umweltschäden in Form von unzähligen abgerissenen und in den Gewässern verbleibenden hochgiftigen Weichplastikköder mitsamt deren Bleiköpfen tun ein Übriges, um den Fischbestand zu verringern und die Lebensräume unserer Fischarten zu schädigen.

Auch nach einem halben Jahrhundert eigener Angelleidenschaft fällt es mir als Autor dieser kleinen Kulturgeschichte schwer, eine abschließende Prognose zu wagen, und ich verweise daher lieber auf eine Konstante, die mir beim Studium historischer Angelliteratur ins Auge sprang, nämlich die Überzeugung vieler Anglergenerationen, die darin beruht, dass früher alles besser war, und die der englische Autor John Dick bereits 1873 im Vorwort seines Fliegenfischerführers für Großbritannien folgendermaßen zusammenfasste: „*Ich befürchte, dass die Forellenangelei in England und Wales in den nächsten Jahren noch schlechter wird.*“[97]

Literaturempfehlungen

Ein wunderbares Buch, in dem die Autorin ein schönes Sammelsurium rund um die teilweise bizarre Geschichte des Angelns und die ganz besondere Beziehung mancher prominenter und weniger prominenter Menschen zu den Fischen zusammengetragen hat: Crawford, Lesley, Fischen. Von scheuen Schuppenträgern und fantastischen Fanggründen, Hamburg, 2006.

Noch immer ein Klassiker aus der Feder des Altmeisters Max Piper und und nicht nur aufgrund der mittlerweile längst überholten Tipps sehr unterhaltsam: Piper, Max, Spinnangeln, Berlin 1960. (Es gibt zahlreiche antiquarisch erhältliche Auflagen.)

Mit viel Liebe zu alten Angeltechniken und zu historischem Angelgerät hat der Angelhistoriker Thomas Kalweit das leider nur noch antiquarisch erhältliche Sonderheft *Geschichte des Angelns* verfasst: Kalweit, Thomas, Geschichte des Angelns (= Fisch & Fang Sonderheft Nr. 27), 2011.

Vom Verfasser seinerzeit mit vollem Ernst zu Papier gebracht, ist der Klassiker des haarstäubenden Anglerlateins auch heute noch eine sehr vergnügliche und unfreiwillig komische Lektüre: Wigam, Bruno, Vom großen Strom zum kleinen Bach, Hamburg und Berlin, 1967.

Izaak Waltons noch heute lesenswertes Standardwerk *Der vollkommene Angler aus* dem Jahre 1653 gibt es auch in einigen deutschen Übersetzungen. Die jüngste stammt aus dem Jahre 2010: Hardt, Andreas (Hg.), Der vollkommene Angler oder Eines nachdenklichen Mannes Erholung, Leipzig, 2010.

Ein wenn auch nicht ganz ernst gemeinter, so doch wunderbarer Roman zum Thema Fliegenfischen auf Lachse: Torday, Paul, Lachsfischen im Jemen, Berlin, 2007.

Anmerkungen

1 Dieser Ausspruch Steven Wrights geistert duch zahlreiche Internetforen und findet sich auf vielen T-Shirts. (Meine Übersetzung.)

2 Walton, Izaak, The Compleat Angler; or, the Contemplative Man's Recreation, London und Dublin, 1833, S. 56.

3 Hier zitiert nach Gurman, Alexander, Salmon Fishing, Selbstverlag ohne Ort, S. 28.

4 Zitiert nach Slings, Rod, Van Durme, Mike und Byers, Keith, Blood on the Leaves, Guilford, 2015, S. 151. (Meine Übersetzung.)

5 Vgl. dazu Tiroler Landesmuseum (Hg.), Veröffentlichungen des Tiroler Landesmuseums Ferdinandeum (2006), S. 227.

6 Diese stets segellosen Boote wurden völlig unabhängig voneinander in verschiedenen Weltgegenden gebaut. Man benutzte sie in Mesopotamien, in der Südsee und an den Seen Zentralamerikas und Zentralafrikas.

7 Zu Frevelfischen und Fischkulten im Alten Ägypten vgl. Sahrhage, Dietrich, Fischfang und Fischkult im Alten Ägypten, Mainz, 1998.

8 Ovid, Liebeskunst, III, 125.

9 Bei den Römern war das Meer Gemeingut (res communis). Vor ihren Küsten fingen sie zumeist Thunfische und Sardinen, die zugleich auch die wirtschaftlich ertragreichsten Fischarten waren. (Zum Fischfang bei den Römern vgl. Marzano, Annalisa, Harvesting the Sea. The Exploitation of Marine Resources in the Roman Mediterranean, Oxford, 2013.)

10 Es kommt nicht von ungefähr, dass in der biblischen Überlieferungsgeschichte Jesus Fischer zu seinen Jüngern machte. Von den zwölf erwählten Jüngern waren vier von Beruf Fischer (Petrus, Johannes, Jakobus und Andreas). Nur von einem der anderen kennt man heute den ebenfalls im Oströmischen Reich nicht hoch angesehenen Beruf des Zöllners (Matthäus).

11 Plautus, Der Schiffbruch (Rudens), zweiter Akt, erste Szene.

12 Ebenda, zweiter Akt, zweite Szene.

13 Zwar wurden Süßwasserfische auch auf den Märkten gehandelt, landeten zumeist aber nur auf den Tischen der Armen.

14 Über Oppian ist nicht viel bekannt. Da sein fünfbändiges Werk über den Fischfang dem Kaiser Mark Aurel (121–180) sowie dessen mitregierendem Sohn gewidmet ist, muss Oppian ein Zeitgenosse des zweiten nachchristlichen Jahrhunderts gewesen sein.

15 Oppian, Fischfang, III, 3.

16 Ebenda, III, 24.

17 Ebenda, III, 8.

18 Aelian, Tiergeschichten, 15.

19 Die Geschichte vom gemeinsamen Angeln der beiden findet man heute oft als Motiv in historischen Romanen, die sich mit der Königin beschäftigen, und reicht als Motiv bis ins Werk Shakespeares zurück.

20 Hier zitiert und übersetzt nach Wullf, Joan Salvato, Joan Wulff's Fly Fishing. Expert Advice from a Women's Perspective, Harrisburg 1991, S. 164.

21 Wolfram von Eschenbach, Titurel-Fragmente, 159.

22 Ebenda, 154.

23 Die Lebensweise der zu Lande, im Wasser und in der Luft lebenden Tiere war gebildeten Menschen nicht unbekannt. Bereits ein halbes Jahrhundert vor Wolfram von Eschenbach und 200 Jahre vor Juliana Berners hatte die Benediktinerin Hildegard von Bingen (1098–1179) in ihrem Buch von den Fischen mehr als 30 einheimische Süßwasserfischarten und ihre Lebensweisen beschrieben und schuf so das erste grundlegende Werk zur Artenbestimmung. Was Hildegard über den Hecht und späteren Lieblingsfisch deutscher Angler zu Papier brachte, ist auch für moderne „angelwissenschaftliche" Verhältnisse beachtlich: „Der Hecht hält sich gerne in der Reinheit und in der Mitte der Gewässer auf. Er verlangt reine Nahrung und hat hartes und gesundes Fleisch. Er ist sowohl Kranken als auch Gesunden ein gutes Mahl. Der Hecht hat nämlich mittlere gemischte Wärme, und daher ist sein Fleisch gesund." (Hildegard von Bingen, Buch von den Fischen, Leipzig, 1913, S. 43.)

24 Fuller, Thomas, Gnomologia, London, 1732, S. 122.

25 Vgl. dazu, Hildebrandt, Wolfgang, Magia Naturalis, Darmstadt, 1610, S. 260.

26 Ebenda, S. 324.

27 Brookes, Richard, The Art of Angling, London, 1740, S. 55.

28 Henning, St. M., Geheim gehaltene Fischkünste, Quedlinburg und Leipzig, 1847, (3. Aufl.), S. 28 f.

29 Vgl. Magia Naturalis, S. 325.

30 Henning, S. 21.

31 Margaret Bottrail (Hg.), Izaak Walton. The Compleat Angler, London und New York, 1966, S. 207.

32 Aufmerksame Angelsporthistoriker haben beispielsweise herausgefunden, dass Walton einige seiner Instruktionen aus dem Booke of Fishing with Hooke and Line aus der Feder Leonard Mascalls (1590) „geborgt" hat. Vgl. dazu Margaret Bottrail (Hg.), Izaak Walton. The Compleat Angler, London und New York, 1966, S. VII (Einleitung).

33 Ebenda, S. 82.

34 Walton, Izaak, The Compleat Angler, London, 1966, S. 148.

35 Vgl. ebenda, S. 121.

36 Ebenda, S. 27.

37 Johnson, Merle, More Maxims on Mark, New York, 1927, S. 12, (Meine Übersetzung.)

38 Konstanzer Chronik des Jahres 1299, hier zitiert nach Schiel, Lothar, Zweizentner-Welse in unseren Gewässern?, in: Koch, Karl (Hg.), Wels. (Ein Sonderheft der Zeitschrift Blinker), 1985, S. 4.

39 Aelian, Tiergeschichten, 25.

40 Gesner, Historiae animalium (Fischbuch), Frankfurt a. M., 1669, S. 191. Solche Geschichten wurden bis weit ins 19. Jahrhundert erzählt. So berichtete der Baron von Ehrenkreutz in seinem Angelbuchklassiker aus dem Jahre 1847 über den Wels: „Seine Nahrung besteht im Raube, und wegen seiner Größe ist er der schädlichste Raubfisch, denn er verschlingt sogar Enten und Gänse, und in der Weichsel ist es nicht selten vorgekommen, daß er nach Kälbern und Fohlen, wenn sie nach einem Werth im Strom überschwammen, griff und sie herabzog." (Ehrenkreutz, Baron von, Das Ganze der Angelfischerei und ihrer Geheimnisse, Quedlinburg und Leipzig, 1847, S. 121.)

41 Vgl. Anonym, Neuer Schauplatz der Natur (Bd. III), Leipzig, 1776, S. 713 f.

42 Wolf, Wilhelm Johann (Hg.), Deutsche Märchen und Sagen, Leipzig, 1845, S. 210.

43 Horrocks, John, Die Kunst der Fliegenfischerei auf Forellen und Aschen in Deutschland und Oesterreich, Weimar, 1874, S. 6.

44 Wigam, Bruno, Vom großen Strom zum kleinen Bach, Hamburg, 1967, S. 10.

45 Zu dieser Bemerkung Hemingways vgl. Anonym (Hg.), Ernest Hemingway: On Fishing, New York, 1977, S. 11.

46 Zitiert nach Gurman, Alexander, Fishing with Alexander Gurman, New York, 2014, S. 2.

47 Ehrenkreutz, Baron von, Das Ganze der Angelfischerei und ihrer Geheimnisse, Quedlinburg und Leipzig, 1874, S. 122 (Verbesserter Neudruck der Erstauflage von 1852).

48 Borne, Max von dem, Die Angelfischerei (3. Aufl.), Berlin, 1892, S. 233 f.

49 Skowronnek, Fritz, Die Fischwaid, Leipzig, 1904, S. 176.

50 Heintz, Karl, Der Angelsport im Süßwasser, Berlin 1917, S. 112.

51 Ehrenkreutz, S. 124

52 Ebenda, S. 125.

53 Brookes, S. 123.

54 Vgl. Brookes, S 125.

55 Ehrenkreutz, S. 129.

56 Henning, S. 25 f.

57 Henning, S. 26 f.

58 Ehrenkreutz, S. 5 ff.

59 Henning, S. 27.

60 Ehrenkreutz, S. 9 f.

61 Henning, S. 30.

62 Ebenda, S. 29.

63 Von dem Borne war nicht der erste Fischereiexperte, der Ende des 19. Jahrhunderts Regenbogenforellen aus den USA nach Europa exportierte und mit ihrer Zucht begann, doch zählt er – wohl auch aufgrund der finanziellen und räumlichen Möglichkeiten, die sein Rittergut ihm boten – zu den erfolgreichsten Geburtshelfern der nordamerikanischer Forellen- und Saiblingsarten in Europa.

64 Borne, Max von dem, Die Angelfischerei, Berlin, 1892, Vorwort, S. III.

65 Ebenda.

66 Borne, Max von dem, Wegweiser für Angler durch Deutschland, Oesterreich und die Schweiz, Berlin, 1977, S. VII (Vorwort).

67 Borne, Max von dem, Taschenbuch der Angelfischerei, Berlin, 1892, S. 227.

68 Anders als die gelungene Einführung der Regenbogenforelle in Europa misslangen Max von der Bornes Versuche, Schwarz- und Forellenbarsche in den Flüssen seiner Heimat anzusiedeln. Obgleich ihm die Aufzucht beider Fischarten in seiner Fischereiversuchsanstalt gelang, vermehrten sie sich in deutschen Gewässern nicht, sodass in der sechsten Auflage seines Buches Künstliche Fischzucht, die im Jahre 1922 (28 Jahre nach seinem Tode) erschien, beide Arten nicht mehr genannt werden.

69 Zitiert nach McClintock, Grant, The Fly-Fishing Rivers of the West, New York, 2010, S. 7.

70 Zwar findet sich im 1613 erschienen Buch The Secrets of Angling (Die Geheimnisse des Angelns) des Briten John Dennys die Erwähnung, dass man Fliegen werfen könne, doch ist nicht zweifelsfrei feststellbar, ob Dennys künstliche Fliegen oder auf den Haken gestochene natürliche Insekten meinte.

71 Zeiler, Leopold, Gründlicher Führer in der Angelkunst. Wien, 1873, S. V (Einleitung).

72 Sein Standardwerk über das Fliegenfischen widmete er Carl Alexander von Sachsen (1818–1901).

73 Horrocks, John, Die Kunst der Fliegenfischerei auf Forellen und Aschen in Deutschland und Oesterreich, Weimar, 1874, S. 26 f.

74 Ebenda, S. 46.

75 Ebenda, S. IV (Vorrede).

76 Zeiler, Leopold, Gründlicher Führer in der Angelkunst. Wien, 1873, S. 151 f..

77 Ebenda, S. 150 f.

78 Ebenda, S. 151.

79 McManus Patrick F., Never Sniff A Gift Fish, New York, 1979, S. 23.

80 In der zweiten Hälfte des 19. Jahrhunderts begann sich die Arbeiterschaft in zahlreichen Sport- und Kulturvereinen zu organisieren. Oft war Berlin das Zentrum bzw. der Ausgangspunkt für solche Vereine.

81 Der Sportfischer, September 1911, hier zitiert nach Haase, Heinz: Entstehung und Entwicklung des AABD, in: Kalender für Jäger und Angler 2010, Wiesbaden 2010, S. 106.

82 Zitiert nach Haase, Heinz, Faszination Fisch, Neuenhagen, 2000, S. 153.

83 Zeiler, Leopold, Gründlicher Führer in der Angelkunst, Wien, 1873, S. IV (Einleitung).

84 Berliner Presse, hier zitiert nach Haase, Heinz, Familienangeln hat eine lange Tradition, in: Kalender für Jäger und Angler 2009, S. 110.

85 Deutsches Fischereiblatt, hier zitiert nach Der Märkische Angler 2/2008, S. 16.

86 Hier zitiert nach Wert, Elliot Hal, Hoover. The Fishing President, Mechanicsburg, 2005, S. 288. (Meine Übersetzung.)

87 Farrington, Selwyn Kip, Atlantic Game Fishing, New York, 1937, Vorwort, unpaginiert. (Meine Übersetzung.)

88 Hier zitiert nach: Thurston, Jay, Following in the Footsteps of Ernest Hemingway, Salmon Springs, 2005, S. 45.

89 Hier zitiert und übersetzt nach McIver, Stuart B., Hemingway's Key West, Sarasota, 2002, S. 125.

90 Obgleich sie oft unter Seekrankheit litt, zählte Helen Lerner zu den ersten Menschen, denen es gelang, alle vier Marlinarten mit Rute und Rolle bezwungen zu haben; sie war auch die erste Frau, die schwerttragende Fische in allen Ozeanen gefangen sowie viele lokale Rekordthune eigenhändig und ohne männliche Unterstützung ausgedrillt hat.

91 Hier zitiert nach Gurman, Alexander, Salmon Fishing, Selbstverlag ohne Ort, S. 27.

92 Piper, Max, Spinnangeln, Kassel, 1965 (5. Aufl.), S. 76.

93 Ebenda, S. 40.

94 Ebenda, S. 48.

95 Max von dem Borne, hier zitiert nach Haase, Heinz, Wussten Sie eigentlich ..., in: Kalender für Jäger und Angler 2006, S. 77.

96 Ob es in Max von dem Bornes Absicht lag, der edlen Forelle ein solch erbärmliches Teichschicksal zu bereiten, wäre ein eigenes angelphilosophisches Thema und kann hier nicht erörtert werden. Zu vermuten ist aber, dass der Forellengeburtshelfer im Grabe rotieren würde, wüsste er, was aus seinem Projekt geworden ist.

97 Dick, John, Flies and Fly Fishing, London, 1873, S. 3.